Smoothies
Bowls & Co.

Inhalt

Gesund durch Smoothies

Der tägliche Verzehr von frischem Obst und Gemüse ist zweifellos von großer Bedeutung für unsere Gesundheit. Natürlich kann man einen Vitamin- oder Nährstoffmangel auch durch Tabletten ausgleichen, aber das sollte nicht die Regel sein. Darüber hinaus fehlen bei einer Supplementierung wichtige Ballaststoffe und Mikronährstoffe.

Die Mischung macht's

Konsumiert man Smoothies regelmäßig, ist das wie Balsam für Körper, Geist und Seele. Allerdings sollten auf Ihrem Speiseplan nicht ausschließlich Smoothies stehen. Verzichten Sie nicht auf gegartes Gemüse, denn durch den Garprozess zerfallen die Ballaststoffe, wodurch die Verfügbarkeit der Mineralstoffe erhöht wird. Eine ausgewogene Ernährung beinhaltet Rohkost ebenso wie gegarte Lebensmittel. Wenngleich viele die Meinung vertreten, dass Smoothies eine Wunderwaffe gegen lästige Kilos seien, ist das nicht ganz richtig: Nimmt man Nahrungsmittel in pürierter Form zu sich, hält das Sättigungsgefühl nicht so lange an wie beim Verzehr von unzerkleinerten Lebensmitteln. Greifen Sie deshalb auch zu ganzem Obst und Gemüse und kauen Sie jeden Bissen gründlich. Vor allem die Grünen Smoothies sind eine hervorragende unterstützende Maßnahme bei Diäten, weil sie den Körper mit wichtigen Nährstoffen versorgen.

Einige Smoothies aus diesem Buch bieten sich auch im Rahmen einer Detox-Kur an, bei der man frisches Obst und Gemüse in komprimierter Form zu sich nimmt, um den Körper zu entgiften. Detox bedeutet, sich möglichst von unverarbeiteten Nahrungsmitteln zu ernähren und z. B. auf Fett, Kaffee, Alkohol, Zucker und – je nach Detox-Diät – auch auf Milchprodukte zu verzichten.

Ihr Smoothie ist nur so gut wie die Zutaten, die Sie verwenden. Achten Sie daher auf beste Qualität. Im Grunde können Sie alle Gemüse- und Obstsorten zu Smoothies verarbeiten. Oberstes Gebot ist dabei, lediglich reife und frische Zutaten zu verwenden. Sie müssen makellos, knackig und prall sein. Wenn die Produkte dann auch noch aus biologischem Anbau stammen, umso besser!

Tipps für Anfänger

- Verwenden Sie für die Zubereitung von Smoothies keinen Pürierstab, sondern einen Haushaltsmixer. Noch besser ist ein Hochleistungsmixer!

- Smoothies sind keine durstlöschenden Getränke, sondern sollten als Mahlzeit betrachtet werden! Sie sollten deshalb nur bei Hungergefühl getrunken werden. Um die Verdauungsaktivität zu steigern und die Nährstoffaufnahme zu optimieren, sollten Sie die ersten Schlucke der cremigen Powerdrinks kurz im Mund behalten und 10- bis 20-mal „kauen".
- Trinken Sie den Smoothie am besten sofort nach der Herstellung! So enthält er noch alle Vitalstoffe und hat eine optimale Textur sowie eine schöne Farbe. Reste kann man lichtgeschützt und kühl bis zu drei Tage lagern. Bewahren Sie Smoothies jedoch nur in luftdichten Glasbehältern auf. Eine Lagerung in Plastik- und Aluminiumgefäßen beeinträchtigt den Geschmack. Durch die Zugabe von Milch, Joghurt oder einigen Tropfen Speiseöl können Sie die Haltbarkeit von Smoothies verlängern.
- Trinken Sie keine Smoothies nach schweren Mahlzeiten! Wenn Sie Smoothies, die Obst enthalten, nach dem Genuss von fett- und proteinreichen Speisen zu sich nehmen, beginnen die Früchte im Magen zu gären, da sie nicht unmittelbar verdaut werden. Als Folge kann es zu Blähungen und Verdauungsbeschwerden kommen.
- Hören Sie auf Ihren Körper! Ihr Körper muss sich erst an den regelmäßigen Verzehr von Smoothies gewöhnen. Wenn es bei Ihnen zu Beginn zu Blähungen, Magenblubbern oder ähnlichen Reaktionen kommt, sollten Sie die Menge und die Zutaten entsprechend anpassen. Trinken Sie anfangs nicht mehr als 250 Milliliter Smoothie täglich und steigern Sie die Menge langsam. So kann sich Ihr Verdauungsapparat langsam an die erhöhte Ballaststoffzufuhr und die Rohkost gewöhnen (dies gilt insbesondere für die Grünen Smoothies). Steigern Sie sich dann schrittweise auf bis zu einen Liter täglich.
- Wenn Sie den Smoothie mit Wasser, Buttermilch oder Saft verdünnen, werden intensive Aromen abgemildert. Durch Verdünnung können Sie auch die Konsistenz nach Belieben anpassen. Ist Ihnen der Smoothie hingegen zu dünnflüssig, mixen Sie einfach ein wenig Crème fraîche, Joghurt, Banane oder Avocado unter.

Küchengeräte

Für die Herstellung von Smoothies benötigen Sie unbedingt ein Mixgerät. Pürierstäbe, die sich wunderbar für die Zubereitung von Suppen und Cremes eignen, sind für Smoothies nicht zu empfehlen. Für den Anfang genügt ein herkömmlicher Haushaltsmixer. Wenn Sie allerdings auf den Geschmack von Smoothies gekommen sind, sollten Sie sich auf jeden Fall früher oder später einen Hochleistungsmixer zulegen. Auf den ersten Blick mag der Anschaffungspreis, der sich zwischen 250 und 800 Euro bewegt, sehr teuer erscheinen. Allerdings macht sich ein solches Powergerät wirklich langfristig bezahlt.

Die Leistung beträgt zwischen 1000 und 2000 Watt und 28 000 bis 40 000 Umdrehungen pro Minute. Ein gewöhnlicher Küchenmixer hat lediglich eine Leistung von 1000 Watt und schafft nur 20 000 Umdrehungen in der Minute. Für einen Hochleistungsmixer ist die Zerkleinerung von Pflanzenfasern deshalb ein Kinderspiel, gleichzeitig können solche Mixer die Zellulose aufbrechen. Nur so kann der Körper die von den Fasern umschlossenen Vitalstoffe aufnehmen und verwerten.

Wenn Sie also einen Mixer mit schwacher Leistung verwenden, gehen Ihnen diese wertvollen Stoffe durch die Lappen. Darüber hinaus ermöglicht die hohe Leistung von Hochleistungsmixern eine wunderbar sämige Konsistenz: Der Smoothie schmeckt einfach cremiger und feiner. Ansonsten kommen Messer, Schneidebretter, Entsteiner, Sparschäler und gelegentlich eine Saftpresse zum Einsatz. Mehr braucht es nicht!

Smoothie-Bowls

Smoothie-Bowls liegen derzeit absolut im Trend und sind eine wunderbare Idee zum Frühstück oder als Zwischenmahlzeit. Der Smoothie muss hierfür dickflüssig sein, sodass man ihn gut löffeln kann. Um die cremige Konsistenz zu erreichen, mixen Sie Bindemittel wie gefrorenes Obst oder Gemüse, Haferflocken oder Chia-Samen hinein. Wenn Sie Smoothies aus gefrorenem Obst oder Gemüse zubereiten, werden sie schön cremig und dickflüssig. Schneiden Sie hierfür die jeweiligen frischen Früchte (Beeren können Sie ganz lassen) oder das Gemüse nach dem Waschen und Putzen in kleine Stücke und geben Sie diese etwa 30–45 Minuten in das Gefrierfach.

Das besondere Extra bei den angesagten Smoothie-Bowls sind die sogenannten Toppings. Sie geben nicht nur eine schöne Garnitur ab, sondern verleihen der Zwischenmahlzeit das gewisse Etwas. Hierfür können Sie frisches Obst (z. B. Beeren), Trockenobst, Blüten, Nüsse oder Superfood wie Goji-Beeren, Chia-Samen oder auch gepufften Amaranth verwenden.

Lassen Sie Ihrer Kreativität freien Lauf!

Heilende Lebensmittel

Machen Sie sich die heilende Wirkung von Gemüsen, Obst, Kräutern und Gewürzen zunutze und fügen Sie diese geschmackvollen Gewächse der Zutatenliste für Ihre Smoothies hinzu. Zudem sind die in manchen Nahrungsmitteln enthaltenen Bitterstoffe sehr gesund: Sie sorgen für eine gesunde Darmflora, wirken entsäuernd und schützen vor Bluthochdruck. Bitterstoffe sind unter anderem in Rucola, Endivien, Chicoree, Blumenkohl, Artischocken und Radicchio reichlich enthalten, aber auch in Zitrusfrüchten wie Grapefruits, Orangen oder Zitronen. Darüber hinaus sind sie in Amaranth und Hirse sowie in einigen Kräutern (Estragon, Thymian, Majoran, Liebstöckel, Löwenzahn, Rosmarin, Sauerampfer, Salbei) vorhanden. Gewürzpflanzen wie Ingwer, Kardamom und Pfeffer weisen besonders viel Bitterstoffe auf. Nachfolgend ein kurzer Überblick über die gesundheitsfördernden Wirkungen einiger gängiger Lebensmittel:

Lebensmittel	Wirkungen
Ananas	antibakteriell, antiviral, entzündungshemmend
Apfel	abführend, blutreinigend, fiebertreibend
Bärlauch	antibakteriell, adstringierend, anregend, blutreinigend, entzündungshemmend, harntreibend, krampflösend, schleimlösend, schweißtreibend, tonisierend
Basilikum	schleimlösend, nervenstärkend, krampflösend, entzündungshemmend, blähungshemmend
Birne	antibakteriell, verdauungsfördernd, immunstärkend, blutdrucksenkend
Brombeere	adstringierend, blutstillend, durchfallhemmend, entzündungshemmend, harntreibend
Chili	anregend, antibakteriell, betäubend, durchblutungsfördernd, schweißtreibend, appetitfördernd, verdauungsfördernd
Dill	appetitanregend, verdauungsfördernd, leicht harntreibend
Erdbeere	adstringierend, blutreinigend, harntreibend
Grapefruit	(Fruchtfleisch) immunstärkend, darmreinigend, stabilisiert die Darmflora, senkt Blutfettwerte
Gundermann	entzündungshemmend, stoffwechselanregend, schleimlösend, wundheilend
Gurke	bindegewebestärkend, bandwurmtreibend, harntreibend, abführend
Heidelbeere/Blaubeere	verdauungsfördernd, antibakteriell, darmsanierend, reduziert Gefäßablagerungen
Ingwer	entzündungshemmend, Herz-Kreislauf unterstützend, schmerzlindernd, bei Übelkeit, verdauungsfördernd, antibakteriell
Johannisbeere	verdauungsregulierend, harntreibend, abwehrstärkend
Kapuzinerkresse	abführend, wundheilend, blutreinigend, harntreibend
Koriander	allergielindernd, verdauungsfördernd, antibakteriell, appetitfördernd, krampflösend

Lebensmittel	Wirkungen
Löwenzahn	abführend, blutreinigend, harntreibend, tonisierend, verdauungsfördernd
Melisse	krampflösend, beruhigend
Petersilie	harntreibend, krampflösend, schleimlösend, tonisierend
Pfeffer	antibakteriell, bei Durchfall, immunfördernd
Pfefferminze	krampflösend, schmerzlindernd, erkältungshemmend, bei Kopfschmerzen, galletreibend
Pfirsich	immunstärkend, entschlackend, entgiftend, leistungsfördernd
Rosmarin	kreislaufanregend, allgemein stärkend, verdauungsregulierend, appetitfördernd
Salbei	adstringierend, antibakteriell, blutstillend, entzündungshemmend, harntreibend, krampflösend, tonisierend
Spinat	muskelaufbauend, antioxidativ
Spitzwegerich	antibakteriell, blutreinigend, blutstillend, entzündungshemmend, harntreibend, schleimlösend
Staudensellerie	blutdrucksenkend, verdauungsfördernd, harntreibend, entzündungshemmend
Thymian	anregend, antibakteriell, beruhigend, blutstillend, desinfizierend, entzündungshemmend, krampflösend, pilztötend, schleimlösend, schmerzstillend, schweißtreibend, tonisierend
Tomate	immunstärkend, gegen Sodbrennen, blutdrucksenkend, blutbildend
Wassermelone	gefäßerweiternd, verdauungsfördernd, entwässernd, harnfördernd
Weißkohl	blutreinigend, entzündungshemmend, wundheilend, stoffwechselfördernd, verdauungsfördernd
Zitrone	zellschützend, blutstillend, antiviral, antibakteriell, beruhigend, immunfördernd

Saisonales Obst

Im Sommer haben die meisten Früchte Saison, deshalb sollten Sie zu dieser Jahreszeit überwiegend regionale Produkte verwenden. Im Winter sieht die Sache leider etwas anders aus. So werden Äpfel von August bis November geerntet und sind danach bis Mai als Lagerware verfügbar.

Saisonales Obst im Überblick

April:	Rhabarber
Mai:	Erdbeeren, Rhabarber
Juni:	Erdbeeren, Heidelbeeren, Himbeeren, Johannisbeeren, Kirschen, Rhabarber, Stachelbeeren
Juli:	Aprikose, Brombeeren, Erdbeeren, Heidelbeeren, Himbeeren, Johannisbeeren, Kirschen, Mirabellen, Pflaumen, Stachelbeeren
August:	Äpfel, Aprikosen, Birnen, Brombeeren, Heidelbeeren, Himbeeren, Johannisbeeren, Kirschen, Mirabellen, Pflaumen, Stachelbeeren, Wassermelonen
September:	Äpfel, Birnen, Brombeeren, Heidelbeeren, Mirabellen, Pflaumen, Wassermelonen, Weintrauben
Oktober:	Äpfel, Birnen, Weintrauben
November:	Äpfel

Saisonales Gemüse im Überblick

Januar:	Grünkohl, Lauch, Pastinaken, Wirsing
Februar:	Grünkohl, Lauch, Pastinaken, Wirsing
März:	Lauch, Pastinaken, Spinat
April:	Lauch, Spinat
Mai:	Blumenkohl, Kohlrabi, Lauch, Mangold, Radieschen, Spinat, Spitzkohl, Wirsing
Juni:	Blumenkohl, Brokkoli, Erbsen, Fenchel, Gurken, Kohlrabi, Lauch, Mangold, Möhren, Radieschen, Spitzkohl, Wirsing, Zucchini
Juli:	Blumenkohl, Brokkoli, Erbsen, Fenchel, Gurken, Kohlrabi, Lauch, Mangold, Möhren, Paprika, Radieschen, Rote Bete, Staudensellerie, Tomaten, Wirsing, Zucchini
August:	Blumenkohl, Brokkoli, Erbsen, Fenchel, Gurken, Kohlrabi, Kürbis, Lauch, Mangold, Möhren, Paprika, Radieschen, Rote Bete, Staudensellerie, Tomaten, Wirsing, Zucchini
September:	Blumenkohl, Brokkoli, Fenchel, Gurken, Kohlrabi, Kürbis, Lauch, Mangold, Möhren, Paprika, Pastinaken, Radieschen, Rote Bete, Spinat, Staudensellerie, Tomaten, Wirsing, Zucchini
Oktober:	Blumenkohl, Brokkoli, Fenchel, Gurken, Kohlrabi, Kürbis, Lauch, Mangold, Möhren, Paprika, Pastinaken, Radieschen, Rote Bete, Spinat, Staudensellerie, Tomaten, Wirsing, Zucchini
November:	Fenchel, Grünkohl, Kürbis, Lauch, Pastinaken, Spinat, Wirsing
Dezember:	Grünkohl, Lauch, Pastinaken, Wirsing

FRÜCHTESMOOTHIES

Smoothies aus Obst sind eine gesunde Alternative zu Soft-drinks. Eisgekühlt sind sie mindestens so erfrischend wie Eiscreme. Fruchtsmoothies schmecken einfach nur lecker, und besonders Kinder mögen sie gerne. Man kann die Früchte mit schmackhaften Zutaten wie Milch, Joghurt, Honig oder Gewürzen ergänzen. Gourmets servieren die süßen Smoo-thies gerne als Dessert oder als Mahlzeit für zwischendurch. Das Schöne an Früchten ist, dass man sie nach Belieben kombinieren kann: Das Ergebnis schmeckt meistens hervorra-gend. Lassen Sie deshalb Ihrer Kreativität freien Lauf. Nie war Mixen köstlicher!

Johannisbeer-Kefir-Drink
Stärkender Vitamindrink

Zutaten für 2 Portionen
150 g schwarze Johannisbeeren
5 EL schwarzer Johannisbeersaft
1 EL Honig
400 ml Kefir
200 ml kohlensäurehaltiges
Mineralwasser (eiskalt)

Die Johannisbeeren waschen und von den Rispen zupfen. Mit dem Johannisbeersaft und dem Honig in einen kleinen Topf geben, die Mischung bei mittlerer Hitze zum Kochen bringen. Bei niedriger Temperatur etwa 8–9 Minuten köcheln lassen, bis der Beeren-Honig-Mix eine dickflüssige Konsistenz angenommen hat. Den Topf vom Herd nehmen, die Masse abkühlen lassen und in den Mixer oder ein hohes Gefäß füllen. Den Kefir hinzufügen und den Drink so lange durchmixen, bis sich eine homogene Masse ergibt. Den leckeren Beerensmoothie in Gläser füllen und in vollen Zügen genießen!

Tipp: Sie können auch die Hälfte der schwarzen Johannisbeeren durch rote Johannisbeeren ersetzen. Das ergibt eine herrliche Variation des Drinks!

Johannisbeeren-Facts
Schwarze Johannisbeeren sind besonders gut zur Stärkung des Immunsystems. In den Beeren steckt fast viermal so viel Vitamin C wie in Zitronen. Darüber hinaus schützt das in den Beeren enthaltene Betacarotin die Schleimhäute.

Papaya-Orangen-Smoothie
Fruchtbombe

Zutaten für 2 Portionen

1 kleine Papaya (ca. 200 g)
8 Saftorangen
100 g TK-Himbeeren
1 Stiel Zitronenmelisse
(nach Belieben)

Die Papaya schälen, halbieren und die Kerne mit einem Löffel herauslösen. Das Fruchtfleisch grob würfeln. Die Orangen auspressen, den Saft mit den Papaya-Fruchtstücken in den Mixer oder ein hohes Gefäß geben. Die gefrorenen Himbeeren dazugeben und alles zu einer glatten, flüssigen Masse mixen. Den erfrischenden Smoothie in zwei Gläser füllen und mit Melisseblättern garnieren.

Tipp: Achten Sie darauf, dass Sie wirklich nur reife Papayas verwenden: Wenn die Schale größere Bereiche mit gelblicher Färbung aufweist und weich ist, greifen Sie zu! Wollen Sie die Papaya nicht gleich am selben Tag essen oder zu einem Smoothie verarbeiten, können Sie auch unreife Früchte kaufen, die Sie zu Hause bei Zimmertemperatur nachreifen lassen. Meiden Sie jedoch grüne Papayas, da diese nur selten weiter nachreifen.

Papaya-Facts

Der in Papaya enthaltene Stoff Papain wirkt anregend auf den Stoffwechsel und das Immunsystem. Papain kommt in besonders hoher Konzentration in den schwarzen Kernen vor, die Sie deshalb auf keinen Fall wegwerfen sollten! Getrocknet kann man sie als Gewürz gebrauchen. Hierfür füllt man sie am besten in eine Pfeffermühle und gibt die gemahlenen Kerne nach dem Kochen auf die Speisen. Papayakerne erinnern geschmacklich an scharfe Brunnenkresse.

Erdbeersmoothie
Sommerlich frisch

Zutaten für 2 Portionen

300 g Erdbeeren
100 g Joghurt
100 ml Milch
50 ml Kokoswasser

Außerdem

Erdbeeren zum Servieren

Erdbeeren putzen, waschen, abtrocknen, entstielen und in Stücke schneiden. Erdbeeren mit Joghurt, Milch und Kokoswasser in einen hohen Rührbecher oder in einen Standmixer geben und mit einem Pürierstab oder im Mixer feincremig pürieren. Den Smoothie nach Belieben noch einige Zeit in den Kühlschrank stellen. Mit einigen halbierten oder geviertelten Erdbeeren servieren.

Tipp: Nach Belieben einige Minzeblätter zugeben.

Erdbeer-Facts
In den kleinen roten Früchten stecken viele Polyphenole (sekundäre Pflanzenstoffe). Sie sind hilfreich bei der Vorbeugung von Herz-Kreislauf-Erkrankungen und Krebs.

Mango-Guaven-Smoothie
Tropisch exotisch

Zutaten für 2 Portionen
1 kleine Mango (ca. 250 g)
1 Stück Wassermelone (ca. 250 g)
Eiswürfel
75 ml Guavensaft

Die Mango schälen, 2-4 lange, feine Spalten aus der Frucht herausschneiden, das Fruchtfleisch vom Kern entfernen. Die Spalten zum Garnieren beiseitelegen. Das restliche Fruchtfleisch grob würfeln und in ein hohes Gefäß bzw. den Mixer geben. Die Melone in Spalten schneiden, die Kerne entfernen, das Fruchtfleisch vorsichtig mit dem Messer von der Schale trennen. Auch die Melonenstücke grob würfeln und zur Mango in den Mixer geben, ein paar Eiswürfel dazugeben und das Ganze kräftig aufmixen. Den Guavensaft hinzufügen und die Obstmischung nochmals durchmixen, bis der Smoothie eine glatte, homogene Konsistenz hat. Den Smoothie in die bereitgestellten Gläser füllen und mit den Mangospalten garnieren.

Tipp: Wenn Sie etwas Farbkontrast ins Spiel bringen möchten, können Sie noch ein wenig Minze oder andere Kräuter auf den Smoothie streuen. Das schmeckt nicht nur hervorragend, sondern sieht auch sehr schön aus!

Guaven-Facts
Guaven sind in Deutschland inzwischen fast überall erhältlich, schmecken herrlich exotisch und sind wahre Vitamin-C-Bomben (100 Gramm Frucht enthalten etwa 270 Milligramm Vitamin C). Darüber hinaus sind sie sehr kalorienarm.

Kokos-Ananas-Papaya-Smoothie
Gesunder Cocktail

Zutaten für 2 Portionen
2 EL Kokoschips
1/4 Ananas (ca. 250 g)
1 kleine Papaya (ca. 300 g)
1/2 Limette
250 g Joghurt
(alternativ: Soja-Joghurt)
200 ml Kokoswasser
6–8 Eiswürfel

Die Kokoschips in einer Pfanne bei mittlerer Hitze ohne Fett rösten, bis sie ein wenig Farbe annehmen. Auf einem Teller abkühlen lassen. Die Ananas vierteln, Schale und Augen entfernen und den Strunk herausschneiden. Das Fruchtfleisch in grobe Stücke schneiden. Die Papaya halbieren, mit einem Löffel die Kerne entfernen. Die Frucht schälen und das Fruchtfleisch würfeln. Die Limette auspressen und 2 Teelöffel des Safts in einen Standmixer oder ein hohes Gefäß geben. Die Ananas- und Papaya-Stücke sowie Joghurt, Kokoswasser und Eiswürfel hinzufügen. Die Mischung zu einem glatten Smoothie pürieren und in die Gläser füllen. Mit den gerösteten Kokoschips bestreuen und mit diesem herrlichen Smoothie, der an Urlaub erinnert, in den Tag starten!

Tipp: Nichts geht über eine süße und reife Ananas. Leider kauft man nicht selten versehentlich unreife Exemplare. Sie erkennen reife Früchte daran, dass sie einen aromatischen Duft verströmen. Darüber hinaus lassen sich ihre Kronenblätter einfach herausziehen. Wenn Sie diese beiden Faustregeln im Kopf haben, kann eigentlich nichts mehr schiefgehen!

Ananas-Facts
Leider ist Ananas kein Fettkiller. Frischer Ananassaft spült jedoch Schlacken aus dem Körper und die Frucht liefert wichtige Mineralstoffe sowie Spurenelemente wie Kalzium, Kalium, Magnesium, Eisen, Zink und natürliches Jod. Ananas fördert außerdem die Serotonin-Bildung und sorgt deshalb für gute Laune!

Avocado-Apfel-Kiwi-Smoothie
Spritzig frisch

Zutaten für 2 Portionen
1/2 kleine Zitrone
1/2 reife Avocado (ca. 75 g)
1 reife Kiwi (ca. 80 g)
1 Apfel
Eiswürfel
100 ml Mineralwasser (eiskalt)

Die Zitronenhälfte auspressen, den Saft in den Standmixer oder ein hohes Gefäß geben. Die Avocado in der Mitte durchschneiden, entsteinen und mit einem Löffel das Fruchtfleisch einer Hälfte aus der Schale lösen. Sogleich zum Zitronensaft geben, da das Fruchtfleisch andernfalls sofort eine bräunliche Farbe annimmt. Den Apfel waschen, das Kerngehäuse entfernen und den Apfel grob würfeln. Die Kiwi schälen, 2 Scheiben abschneiden und für die Garnitur beiseitestellen. Die restliche Frucht in grobe Stücke schneiden und zur Avocado in den Mixer geben. Die Mischung fein pürieren, einige Eiswürfel in zwei große Gläser geben und mit dem Smoothie auffüllen. Am Ende nach Belieben Mineralwasser nachgießen und das Ganze mit den Kiwischeiben garnieren.

Tipp: Achten Sie darauf, dass Sie die Kiwi nicht zu lange mixen, sonst zerstören Sie die kleinen Kerne.

Apfel-Facts
Menschen, die regelmäßig Äpfel essen, sollen weniger an Bronchial- oder Lungenkrankheiten leiden. Den Grund hierfür vermutet man in den Katechinen (sekundäre Pflanzenstoffe), die in der Frucht enthalten sind. Andere Stoffe wie Carotinoide und Flavonoide sollen das Krebsrisiko senken und wirken antioxidativ. Zudem helfen Äpfel beim Abnehmen. Sie sind reich an Ballaststoffen und steigern dadurch das Sättigungsgefühl.

Blaubeer-Smoothie
Kleine Schönheitskur

Zutaten für 2 Portionen
250 g Blaubeeren (frisch oder TK)
100 ml Milch
150 g Naturjoghurt
1 TL Agavendicksaft
1 TL Flohsamenschalen (Pulver)

Die Blaubeeren verlesen, waschen und vorsichtig trocken tupfen (TK-Beeren sogleich mixen, ohne sie vorher aufzutauen). Zusammen mit der Milch, dem Joghurt, dem Agavendicksaft und den Flohsamenschalen in ein hohes Gefäß oder einen Standmixer geben und pürieren.
In Gläser füllen und sofort genießen.

Tipp: Die Flohsamenschalen im Smoothie sind reine Ballaststoffe. Sie quellen im Magen auf und sorgen für ein gutes Sättigungsgefühl.

Blaubeeren-Facts
Blaubeeren enthalten besonders viel Vitamin C und E. Die beiden Antioxidantien stärken das Immunsystem und sind wahre Schönmacher. Die Kollagenproduktion wird angekurbelt und der Faltenbildung vorgebeugt. Eine Schönheitskur kann so lecker sein!

Rharbarber-Erdbeer-Smoothie
Wenig Kalorien, voller Geschmack

Zutaten für 2 Portionen

100 g Erdbeeren
2 EL Magerquark
100 ml ungezuckerter
Rhabarbersaft
Eiswürfel
Honig
1 kleine unbehandelte Limette

Die Erdbeeren waschen und vorsichtig trocken tupfen.
2 schöne Erdbeeren für die Garnitur beiseitelegen.
Die restlichen Erdbeeren vierteln und in den Standmixer oder
ein hohes Gefäß geben. Den Magerquark, den Rhabarbersaft und einige Eiswürfel hinzufügen und alles gut aufmixen.
Nun nur noch mit Honig abschmecken, nochmals kurz durchmixen und fertig ist der wunderbare Smoothie. Ein Limetten-
rand an den Gläsern gibt dem Drink den Extra-Kick. Hierfür
die Limette waschen und abtrocknen. Die Schale abreiben
und auf einen Teller oder in ein kleines Schälchen geben.
Die Limette halbieren und damit den Glasrand befeuchten.
Diesen in die abgeriebene Schale tauchen. Den Smoothie
in die Gläser füllen, jedes Glas mit einer Erdbeere garnieren
und das Prickeln auf den Lippen in Kombination mit dem
cremigen Erdbeer-Rhabarber-Geschmack genießen!

Tipp: Da Erdbeeren bereits wenige Stunden nach der Ernte
an Aroma einbüßen, sollte man sie möglichst sofort essen.
Ist das jedoch nicht möglich, kann man sie bis zu zwei Tage
im Kühlschrank aufbewahren. Erdbeeren sind sehr empfind-
lich, deshalb säubert man sie am besten in einer Schüssel mit
Wasser und nicht unter dem fließenden Wasserstrahl. Stiel-
und Kelchblätter entfernt man erst nach dem Waschen.

Erdbeeren-Facts
Erdbeeren sind sogenannte Sammelnussfrüchte, die eigentlichen Früchte sind die kleinen gelben Nüsschen auf der
Oberfläche. Erdbeeren sind reich an Vitamin C und vielen
anderen Nährstoffen wie Kalzium, Kalium, Eisen, Zink, Kupfer
und Folsäure.

Erdbeer-Papaya-Kiwi-Drink
Schicht für Schicht ein Gedicht

Zutaten für 2 Portionen

2 Stiele Minze
250 g Erdbeeren
1 Vanilleschote
2 reife Kiwis
1 mittelgroße Papaya (ca. 400 g)
Honig nach Belieben

Die Minze waschen und trocken schütteln. Die Blättchen von den Stielen zupfen und beiseitelegen.

Die Erdbeerschicht

Die Erdbeeren säubern, auf Küchenpapier abtropfen lassen, Blätter und Stiele entfernen und die Früchte vierteln. Die Erdbeerstücke in ein hohes Gefäß oder einen Standmixer geben. Die Vanilleschote halbieren, mit einem Messer das Mark herauskratzen und zu den Erdbeeren geben. Die Erdbeeren zu einem glatten Smoothie pürieren und gleichmäßig auf die Gläser verteilen.

Die Kiwischicht

Den Standmixer reinigen. Die Kiwis schälen, das Fruchtfleisch in grobe Stücke zerkleinern und im Standmixer sehr fein pürieren. Die Kiwi-Masse vorsichtig auf das Erdbeerpüree geben. Darauf achten, dass sich die beiden Schichten nicht vermischen.

Die Papayaschicht

Das Mixgerät erneut säubern. Die Papaya halbieren, die Kerne mit einem Löffel herauskratzen. Das Fruchtfleisch aus der Schale lösen und pürieren. Nach Belieben zum Süßen etwas Honig gleichmäßig untermengen. Die herrlich orangefarbene Papayamasse auf der grünen Kiwischicht verteilen.

Tipp: Das Meisterwerk mit etwas Minze garnieren und Komplimente ernten! Servieren Sie den Schicht-Smoothie am besten sofort, da die einzelnen Fruchtschichten sonst ineinander verlaufen können.

Orangen-Beeren-Kirsch-Mix
Versüßt den Sommer

Zutaten für 2 Portionen

150 g Erdbeeren
50 g Himbeeren
50 g schwarze Johannisbeeren
50 g Kirschen
2 Stängel Minze
1 Blutorange
6–8 Eiswürfel

Erdbeeren, Himbeeren und Johannisbeeren waschen, putzen und in ein hohes Gefäß oder einen Standmixer geben. Die Kirschen waschen und entsteinen. Das Entsteinen geht leichter von der Hand, wenn man sie zuvor einige Minuten ins Gefrierfach legt. Zur Beerenmischung geben. Die Minze waschen, trocken schütteln und die Blätter abzupfen. Ein paar Blätter für die Garnitur beiseitelegen, die restlichen Blätter ebenfalls in den Mixer geben. Die Blutorange auspressen, den Saft zu den Beeren und Kirschen gießen, 6–8 Eiswürfel hinzufügen und alles gut durchmixen. Am Ende den Smoothie, der so herrlich nach frischen Beeren und Kirschen duftet, in die Gläser füllen und mit einigen Minzblättern garnieren.

Tipp: Sommerzeit ist Kirschenzeit! Und da bleiben eine Menge Kerne übrig. Waschen Sie diese einfach in heißem Wasser, und wenn Sie genug gesammelt haben, nähen Sie sie in einen kleinen Kissenbezug ein. Sie können das Kirschkernkissen dann entweder im Backofen erwärmen oder im Kühlschrank kühlen und damit Schmerzen lindern, indem Sie es auf die betroffenen Stellen legen.

Kirschen-Facts
In Kirschen stecken jede Menge Mineralstoffe wie Kalzium, Kalium, Magnesium oder Eisen. Darüber hinaus enthält das Steinobst die Vitamine B1, B2, B6 und C. Kirschen enthalten auch Folsäure, die besonders wichtig für die Zellteilung und die Blutbildung ist.

Birne-Himbeer-Smoothie
Cremig fein und süß

Zutaten für 2 Portionen

1 Banane
2 Birnen
125 g Himbeeren
ca. 200 ml Trinkjoghurt

Die Banane schälen und in grobe Stücke schneiden. Die Birnen waschen, Kerngehäuse und Stiel entfernen und die Früchte zerkleinern. Zuletzt die Himbeeren vorsichtig waschen und putzen und das gesamte Obst in einen Standmixer oder ein hohes Gefäß geben. Den Trinkjoghurt hinzufügen und alles ordentlich durchmixen, bis ein glatter Smoothie entsteht. Den köstlichen Drink in die Gläser füllen und genießen!

Tipp: Wenn Sie eine flüssigere Konsistenz bevorzugen, können Sie den Joghurt auch durch kalte Milch oder Sojamilch ersetzen.

Birnen-Facts

Birnen sind in der Regel verträglicher als Äpfel, da sie wesentlich weniger Säure enthalten. Sie weisen viel Fruchtzucker auf, haben im Vergleich zu anderen Nahrungsmitteln jedoch noch recht wenige Kalorien (etwa 100 pro Frucht). Man sollte nur ungespritzte Birnen kaufen, denn die meisten Vitamine sitzen unter der Schale.

Aprikose-Minz-Smoothie
Erfrischend lecker

Zutaten für 2 Portionen

10 g frische Pfefferminzblätter
150 ml kochendes Wasser
250 g Aprikosen
250 ml Orangensaft
4–5 Eiswürfel, zerstoßen

Die Minzblätter waschen und mit dem kochenden Wasser überbrühen. Diesen Tee etwa 10 Minuten lang ziehen und danach etwas abkühlen lassen. Unterdessen die Aprikosen waschen und entsteinen. Danach vierteln und in den Standmixer oder ein hohes Gefäß geben. Den Orangensaft und das zerstoßene Eis hinzugeben, den kalten Tee darübergießen. Alles gut durchmixen, bis der Smoothie fein sämig ist.

Tipp: Probieren Sie auch einmal Mango- oder Maracujasaft anstelle von Orangensaft.

Pfefferminze-Facts
Die Blätter der Pfefferminze wirken Verdauungsbeschwerden, Blähungen und Gastritis entgegen. Das in den Pfefferminzblättern enthaltene Öl hemmt außerdem die Ausbreitung von Darmbakterien, sorgt bei Erkältungskrankheiten für freie Atemwege und macht einen klaren Kopf.

Pfirsich-Kirsch-Smoothie
Einfach verführerisch

Zutaten für 2 Portionen

2 Pfirsiche
250 ml Wasser
50 ml Kirschsaft
50 ml Zitronensaft
(frisch gepresst)
6 Eiswürfel
1 EL Honig

Die Pfirsiche waschen, entsteinen und zerkleinern, dann mit Wasser, Kirschsaft, Zitronensaft, Eiswürfeln und Honig in ein hohes Gefäß oder einen Standmixer geben. Zu einer homogenen Masse pürieren. Den unvergesslich süßen Smoothie servieren und jeden einzelnen Schluck genießen!

Tipp: Wenn die Pfirsichhaut noch sehr hart ist, sollten Sie mit dem Verzehr noch etwas warten. Sehr weiche Früchte mit schrumpeliger Haut sind hingegen schon überreif und faulen leicht. Deshalb sollte man sie umgehend konsumieren.

Pfirsich-Facts

Pfirsiche zählen zum sogenannten Steinobst. Das saftig, süße Fruchtfleisch umgibt den hölzernen, harten Kern. Ursprünglich stammen Pfirsiche aus China, bis sie über Persien vor mehr als 1000 Jahren nach Mitteleuropa gelangten. Zwischen Juli und September ist Pfirsich-Saison. Pfirsiche haben einen hohen Wasseranteil, sind kalorienarm und reich an Kalium und Magnesium.

Süßer Gemüse-Smoothie
Geheimtipp für Regentage

Zutaten für 2 Portionen

1 Apfel
1/2 Möhre
1/4 Gurke
240 ml Apfelsaft
5 Eiswürfel
1 Prise Zimt

Den Apfel waschen, entkernen und grob würfeln. Möhre und Gurke schälen und klein schneiden. Alles gemeinsam mit dem Apfelsaft und den Eiswürfeln in ein hohes Gefäß oder einen Standmixer geben. Gut durchmixen und den Smoothie zum Schluss mit etwas Zimt abschmecken. Danach den Drink, der für ein Wohlgefühl nicht nur an trüben Regentagen sorgt, in Gläser füllen und genüsslich trinken. Kinder mögen diesen Smoothie besonders gerne!

Tipp: Nicht ohne Grund kursiert die Redewendung „an apple a day keeps the doctor away". Äpfel sind unglaublich gesund. Da jedoch die meisten Vitamine in der Schale oder direkt darunter sitzen, sollten Sie ihn für Ihren Smoothie auf keinen Fall schälen!

Zimt-Facts
Seit alters her wird Zimt eine aphrodisierende und stimmungsaufhellende Wirkung zugeschrieben. Das vielseitige Gewürz, das sowohl bei pikanten als auch süßen Gerichten Verwendung findet, wirkt desinfizierend, krampflösend, fördert die Durchblutung und wärmt von innen.

Brombeer-Smoothie
Eiskalter Genuss

Zutaten für 2 Portionen
300 g Brombeeren
1 Pck. Vanillezucker
50 g Amarettini
ca. 300 ml Mineralwasser
Eiswürfel

Brombeeren verlesen, vorsichtig waschen und trocken tupfen. Brombeeren und Vanillezucker in einen hohen Rührbecher oder in einen Standmixer geben und mit dem Pürierstab oder im Mixer fein pürieren.
Amarettini in einen Gefrierbeutel geben und mit dem Nudelholz darüberrollen. Die feinen Brösel in den Mixer geben. Mineralwasser zugeben und noch einmal mixen. Auf Eiswürfel in Gläser füllen und servieren.

Brombeer-Facts
Die leckeren Beeren sind reich an Nährstoffen wie Kalzium, Kalium und Magnesium. Zudem wirken Brombeeren entzündungshemmend, harntreibend, durchfallhemmend und blutdruckregulierend.

Pflaumen-Smoothie
Fast wie ein Dessert

Zutaten für 2 Portionen
4 getrocknete Pflaumen
4 frische Pflaumen
200 ml Buttermilch
200 ml Mineralwasser (eiskalt)
6 Eiswürfel
2 EL Honig
1 TL Zimt
2 kleine Zimtstangen

Die getrockneten Pflaumen zerkleinern, die frischen Pflaumen waschen, entkernen und in grobe Stücke schneiden. Das klein geschnittene Steinobst mit Buttermilch, Mineralwasser, Eiswürfeln, Honig und Zimt in den Mixer oder ein hohes Gefäß geben und pürieren.
Den Smoothie in Gläser füllen und jedes Glas mit einer Zimtstange garnieren.

Tipp: Nach Belieben noch etwas Kakao darüber streuen.

Pflaumen-Facts
Pflaumen beinhalten u. a. die Pflanzenstoffe Zellulose und Pektin, die im Darm aufquellen und die Verdauung anregen. Auch sollen sie den Abtransport von Giftstoffen aus dem Darm fördern. Pflaumen sind relativ kalorienreich: 100 Gramm frische Pflaumen beinhalten rund 47 Kalorien, getrocknete etwa 225 Kalorien.

Waldbeeren-Basilikum-Mix
Beerenstark

Zutaten für 2 Portionen
250 g Waldbeeren-Mix
(frisch oder TK)
1 Mango
1 große Handvoll Basilikum
250 ml Mineralwasser (eiskalt)
frische Beeren zum Garnieren
Puderzucker (nach Belieben)

Die Beeren waschen und verlesen (TK-Beeren sogleich mixen, ohne sie vorher aufzutauen). Die Mango schälen, das Fruchtfleisch rund um den Kern abschneiden und grob würfeln. Das Basilikum waschen, trocken schütteln und grob hacken. Alle Zutaten gemeinsam mit dem Mineralwasser in ein hohes Gefäß oder den Standmixer geben und schaumig mixen. Den „beerenstarken" Smoothie in die Gläser füllen und mit ein paar frischen Beeren garnieren.

Tipp: Wenn Sie die Beeren vor dem Garnieren mit etwas Puderzucker bestäuben, sieht es noch besser aus und schindet Eindruck!

Waldbeeren-Facts
Unter Waldbeeren versteht man in der Regel eine bunte Mischung aus vielerlei Beeren, z. B. Himbeeren, Brombeeren, Waldheidelbeeren und Walderdbeeren. In Beerenobst stecken viele Ballaststoffe sowie zahlreiche Vitamine und Mineralstoffe. Die in den Früchten enthaltenen sekundären Pflanzenstoffe wirken entzündungshemmend, blutdruckregulierend und antiviral.

Clementinen-Smoothie
Schön scharf

Zutaten für 2 Portionen

4 Clementinen
2 Orangen
20 g Ingwer
1 Zitrone
4 TL Agavensirup
Cayennepfeffer

Die Clementinen schälen, das Gewebe unter der Schale entfernen. Die Früchte halbieren. Mit den Orangen ebenso verfahren. Den Ingwer in feine Stücke schneiden, die Zitrone auspressen. Den Zitronensaft gemeinsam mit Clementinen, Orangen, Ingwer und Agavensirup in ein hohes Gefäß oder einen Standmixer geben. Das Ganze so lange aufmixen, bis ein homogener Smoothie entsteht. Mit etwas Cayennepfeffer abschmecken und in die Gläser füllen. Jetzt steht dem Genuss nichts mehr im Weg!

Tipp: Wenn Sie die Orangen und die Clementinen einfach nur entsaften, wird der Smoothie dünnflüssiger.

Ingwer-Facts

Ingwer wird seit Jahrtausenden zur Behandlung verschiedener Erkrankungen und Infektionen eingesetzt. Die Wurzel enthält Vitamine und Mineralstoffe wie Kalium, Calicum und Eisen. Ingwer steigert die Speichel- und Magensaftsekretion und fördert die Verdauung. Dank seiner Scharfstoffe werden schon beim Biss in eine frische Ingwerknolle körpereigene Wärmerezeptoren aktiviert. Heißer Ingwertee wirkt sogar schweißtreibend.

Chili-Stachelbeer-Smoothie
Scharf süßsauer

Zutaten für 2 Portionen
1/8 Töpfchen Minze
150 g TK-Stachelbeeren
200 ml Buttermilch
Abrieb von 1 unbehandelten
Zitrone
1/4 TL Sambal Oelek
4–6 TL brauner Zucker
Salz
nach Belieben Stachelbeeren
und Minzeblätter

Die Minze waschen, Blätter und Stiele grob hacken. Die Stachelbeeren verlesen, waschen und trocknen, gemeinsam mit Buttermilch, Minze, Zitronenschalenabrieb und Sambal Oelek in einen Standmixer oder ein hohes Gefäß geben. Alles kräftig durchmixen, den Smoothie mit etwas Zucker und Salz abschmecken, in die Gläser gießen und nach Belieben mit Minzblättern und Stachelbeeren garnieren.

Tipp: Wenn Sie kein Sambal Oelek zur Hand haben, können Sie auch Cayennepfeffer oder frische Chili verwenden. Achten Sie allerdings vorher auf die Schärfe der Schoten und dosieren Sie sie entsprechend. Es gibt Chilischoten, die buchstäblich ein Feuer am Gaumen auslösen!

Stachelbeeren-Facts
In Stachelbeeren steckt so viel Vitamin C, dass 150 Gramm bereits den Tagesbedarf eines Erwachsenen decken. Sie stimulieren die Darmtätigkeit und senken den Cholesterinspiegel. Die Beeren enthalten viele B-Vitamine, Kalium, Magnesium, Phosphor, Eisen, Folsäure sowie das Spurenelement Silizium.

Kaki-Melonen-Smoothie
Süße Versuchung

Zutaten für 2 Portionen

2 Kakis (etwa 350 g)
1/8 Ananas
100 g Honigmelone
100 g Physalis
10 g Ingwer
1 Vanilleschote
50 ml Kokosmilch
1 El Honig

Die Kakis waschen, die Blätter entfernen. Die Früchte entweder vorher schälen oder mitsamt der Schale in grobe Stücke schneiden. Die Ananas schälen, die Augen entfernen, die Frucht achteln, bei einer Achtel-Spalte den Strunk herauslösen. Das Fruchtfleisch würfeln und mit den Kakis in ein hohes Gefäß oder einen Standmixer geben. Eine Spalte aus der Honigmelone schneiden (etwa 100 Gramm Fruchtfleisch). Schale und Kerne entfernen, das Melonenstück zerkleinern und ebenfalls in das Mixgefäß geben. Die Physalis von den Blättern befreien und gründlich waschen. Die ganzen Beeren zum übrigen Obst geben. Das Ingwerstück schälen, möglichst klein schneiden und ebenfalls in das hohe Gefäß bzw. den Standmixer geben. Die Vanilleschote längs aufschneiden, das Vanillemark herauskratzen und zum Obst geben. Zum Schluss noch die Kokosmilch dazugeben und alles gut durchmixen. Den Smoothie mit etwas Honig verfeinern, dann am besten erneut kurz aufmixen. Den Smoothie zügig in Gläser füllen und genießen. Das haben Sie sich verdient!

Tipp: Essen Sie harte Kakis nicht unmittelbar. Lassen Sie sie am besten ein wenig bei Zimmertemperatur nachreifen. Sonst schmecken sie aufgrund der vielen Tannine recht herb und hinterlassen einen pelzigen Belag auf der Zunge.

Kaki-Facts

Kakis sind reich an Vitamin A, was gut für die Augen ist. Mangelt es dem Körper an diesem Vitamin, kann es zu eingeschränkter Sehfähigkeit bei Dämmerung und in der Nacht kommen (Nachtblindheit).

SMOOTHIE-BOWLS

Smoothie-Bowls liegen derzeit absolut im Trend und sind eine wunderbare Idee zum Frühstück oder als Zwischenmahlzeit. Der Smoothie muss hierfür dickflüssig sein, sodass man ihn gut löffeln kann. Um die cremige Konsistenz zu erreichen, mixen Sie gefrorenes Obst oder Gemüse, Haferflocken oder Chia-Samen hinein. Das besondere Extra bei den angesagten Smoothie-Bowls sind die sogenannten Toppings. Sie geben nicht nur eine schöne Garnitur ab, sondern verleihen der Zwischenmahlzeit das gewisse Etwas. Hierfür können Sie frisches Obst (z. B. Beeren), Trockenobst, Blüten, Nüsse oder Superfood wie Goji-Beeren, Chia-Samen oder auch Hanf-samen verwenden. Lassen Sie Ihrer Kreativität freien Lauf!

Waldbeeren-Melonen-Bowl
Mit Zauberpulver

Zutaten für 2 Portionen

250 g Honigmelone
150 g TK-Waldbeeren
250 ml Mandelmilch
1 TL Affenbrotbaumpulver
2 TL Haferflocken
(kernig oder zart)
6–8 Eiswürfel

Für das Topping

3–4 getrocknete
Bananenscheiben
3 EL getrocknete Cranberrys
1/2 TL Haferflocken (kernig)

Die Honigmelone halbieren, die Kerne mit einem Löffel entfernen, einige Spalten herausschneiden (250 g entsprechen in etwa 1/8 Melone) und das Fruchtfleisch von der Schale lösen. In kleine Stücke schneiden, diese in eine flache Schale geben. Die Schale 30 Minuten ins Gefrierfach stellen. Die Melonenstücke anschließend gemeinsam mit den TK-Waldbeeren in ein hohes Gefäß oder einen Standmixer geben. Mandelmilch, Affenbrotbaumpulver, Haferflocken und Eiswürfel hinzufügen und die Mischung ordentlich durchmixen. Falls Sie TK-Waldbeeren verwenden, müssen Sie diese zuvor nicht auftauen. Den Waldbeeren-Melonen-Smoothie in kleine Schälchen füllen, mit Bananenscheiben, Cranberrys und Haferflocken garnieren. Jetzt kann Ihr Tag starten!

Tipp: Affenbrotbaumpulver gibt es in fast jedem gut sortierten Biomarkt. 100 Gramm kosten etwa 8 Euro.

Affenbrotbaumpulver-Facts
Affenbrotbaumpulver (auch Baobab-Pulver) wird aus dem Fruchtpulver des Affenbrotbaums gewonnen. Der Baum, der in Afrika beheimatet ist, wird auch Zauberbaum genannt, da seine Blätter und Samen bei vielerlei Krankheiten helfen sollen, u. a. bei Durchfall, Zahnschmerzen, Asthma und Infektionen. Aufgrund des hohen Kaliumgehaltes unterstützt Affenbrotbaumpulver auch die physiologische Funktion des Nervensystems.

Mango-Himbeer-Bowl
Hocharomatisch

Zutaten für 2 Portionen
100 g Himbeeren
100 g Brombeeren
250 g Mango
1 Vanilleschote
50 g Griechischer Joghurt
100 ml Milch (eiskalt)
Mineralwasser oder Milch
nach Belieben (eiskalt)

Für das Topping
1 TL Kokosnussstreifen
ohne Schale, getrocknet
einige Himbeeren
2 EL Vollkornflakes

Himbeeren und Brombeeren verlesen und waschen, in eine flache Schale geben und 30–40 Minuten in das Gefrierfach stellen. Alternativ TK-Beeren verwenden. Unterdessen die Mango schälen und das Fruchtfleisch rund um den Kern abschneiden. Das Fruchtfleisch zerkleinern und in ein hohes Gefäß oder einen Standmixer geben. Die Vanilleschote längs aufschneiden, vorsichtig öffnen, mit dem Messerrücken das aromatische Mark herauskratzen und direkt zur Mango geben. Dann die gefrorenen Beeren, Joghurt und Milch sowie einen Schuss Mineralwasser hinzugeben. Die Mischung pürieren, bis sie sämig ist. Den Smoothie in Schalen füllen und die getrockneten Kokosnussstreifen, die Himbeeren und die Vollkornflakes als Topping daraufgeben.

Tipp: Wer's vegan mag, ersetzt einfach den Joghurt durch 1/4 Avocado und die Milch durch Soja- oder Mandelmilch.

Kokosnuss-Facts
Kokosnussstreifen sind nicht nur köstlich, sie sind auch ein guter Lieferant von Proteinen und Ballaststoffen. Darüber hinaus ist Kokosnuss reich an Mineralien wie Magnesium, Kalium, Eisen sowie B-Vitaminen und Vitamin E. Aus der reifen Kokosnuss gewinnt man die weißliche, kalorienreiche Kokosmilch. Das klare und kalorienarme Kokoswasser wird aus den grünen unreifen Kokosnüssen gewonnen. Es hat einen geringen Vitamin- und Eiweißgehalt, bietet dafür aber reichlich Kalium. Außerdem hat es eine säurehemmende Wirkung und kann ein ideales Getränk bei Magenproblemen sein.

Himbeer-Bananen-Bowl
Cremig, fruchtig, himmlisch gut

Zutaten für 2 Portionen

1 reife Banane
100 g Erdbeeren
100 g Himbeeren
1 Vanilleschote
250 ml Sojamilch (alternativ
auch Reismilch oder Kuhmilch)
Mineralwasser (eiskalt)
nach Belieben
1 Schuss Rote-Bete-Saft

Für das Topping

3 EL gehackte Macadamianüsse
3–4 Minzeblätter
ein paar frische Himbeeren

Die Banane schälen und in kleine Stückchen schneiden, diese in eine flache Schale legen und 30–45 Minuten ins Gefrierfach geben. Danach die Beeren waschen und putzen, einige Himbeeren für das Topping beiseitelegen. Die Erdbeeren vierteln und zusammen mit den Himbeeren ebenfalls 30–45 Minuten in das Gefrierfach geben. Die Vanilleschote längs halbieren, vorsichtig öffnen, mit dem Messerrücken das aromatische Mark herauskratzen und direkt in ein hohes Gefäß oder einen Standmixer geben. Das gefrorene Obst aus dem Gefrierfach nehmen und zum Vanillemark hinzufügen. Sojamilch, je einen kleinen Schuss Mineralwasser und Rote-Bete-Saft darübergießen. Anschließend alles gut durchmixen, bis eine sämige und dickflüssige Masse entsteht. Für das Topping die Macadamianüsse grob hacken und in einer heißen Pfanne ohne Fett rösten, bis sie Farbe annehmen. Auf einem Teller kurz abkühlen lassen. Unterdessen die Minze waschen, trocken schütteln und einige Blätter vom Stiel zupfen. Den Smoothie in die Schälchen gießen, mit den gerösteten Nüssen, der Minze und ein paar Himbeeren garnieren.

Tipp: Werfen Sie die ausgeschabten Vanilleschoten auf keinen Fall weg! Sie eignen sich noch hervorragend zur Herstellung von Vanillepulver oder Vanillezucker.

Macadamianuss-Facts
Meist wird die extrem harte Schale der teuren Nuss schon nach der Ernte von Maschinen entfernt. Ursprünglich kommt die „Königin der Nüsse" aus Australien. Dort wurde sie von einem deutschen Botaniker entdeckt, der sie nach seinem Freund Dr. John Macadam benannte.

Papaya-Avocado-Bowl
Erfrischender Genuss

Zutaten für 2 Portionen

250 g Papaya
1/4 Bund Petersilie
1/4 Bund Koriander
1 Limette
1 Avocado
1 Msp. Chilipulver
Mineralwasser (eiskalt)
nach Belieben

Für das Topping

2 EL Rote-Bete-Sprossen
(wahlweise Rotkohlkeime)
ein paar Blätter frischer
Koriander
2 EL Nüsse (nach Wahl)

Die Papaya halbieren, mit einem Löffel die Kerne entfernen und die Frucht schälen. Das Fruchtfleisch fein würfeln, in eine flache Schale legen und 30–45 Minuten in das Gefrierfach stellen. Unterdessen Petersilie und Koriander waschen und trocken schütteln. Einige hübsche Korianderblätter für das Topping beiseitelegen, das restliche Grün mitsamt den Stielen grob hacken. Die Limette auspressen, den Saft gemeinsam mit den Kräutern in ein hohes Gefäß oder einen Stand-mixer geben. Die Avocado halbieren und entsteinen, das Fruchtfleisch mit einem Löffel aus der Schale lösen. Sogleich zum Limettensaft geben, damit es keine bräunliche Farbe annimmt. Die Papayastücke aus dem Gefrierfach holen und ebenfalls in den Mixer geben. Zum Schluss das Chilipulver hinzufügen. Alles ordentlich durchmixen und den sämigen Smoothie in die Schalen füllen. Für das Topping die Rote-Bete-Sprossen waschen, trocken tupfen und gemeinsam mit den Korianderblättern und Nüssen auf den Smoothie streuen.

Tipp: Wenn Sie es richtig bunt wollen, können Sie noch ein oder zwei Kapuzinerkresse-Blüten für das Topping verwenden.

Rote-Bete-Sprossen-Facts
Rote-Bete-Sprossen enthalten viel Folsäure, Magnesium und Kalzium. Ihr Geschmack erinnert an die Rote Bete selbst, leicht erdig und etwas bitter. Die hübschen Sprossen bringen Farbe auf fast jedes Gericht und zaubern dekorative Muster auf warme Suppen.

Wassermelonen-Zucchini-Bowl
Wenig Kalorien, viel Geschmack

Zutaten für 2 Portionen

450 g Wassermelone
150 g Zucchini
2 Zweige Zitronenthymian
2 Frühlingszwiebeln
2 EL Agavendicksaft
Mineralwasser (eiskalt)
nach Belieben
unjodiertes Salz
Pfeffer

Für das Topping

einige Ringe Frühlingszwiebeln
2–4 Blüten Kapuzinerkresse
etwas Brunnenkresse

Die Wassermelone in Spalten schneiden, die Kerne entfernen, das Fruchtfleisch fein würfeln. In eine flache Schale legen, diese 30-45 Minuten in das Gefrierfach stellen. Unterdessen die Zucchini waschen, putzen und grob würfeln.
Den Thymian waschen, trocken schütteln und die Blätter abzupfen. Gemeinsam mit der Zucchini in ein hohes Gefäß oder einen Standmixer geben. Die Frühlingszwiebeln waschen und putzen. Einige feine Ringe für das Topping beiseitelegen. Die restlichen Frühlingszwiebeln grob zerkleinern und zur Zucchini geben. Die restlichen Zutaten für das Topping vorbereiten: Die Kapuzinerkresseblüten vorsichtig waschen. Dazu die Blüten vorsichtig durch kaltes Wasser ziehen, dann auf einem Küchentuch abtropfen lassen. Anschließend die Brunnenkresse waschen und trocken schütteln. Die gefrorenen Melonenstücke zu Zucchini & Co. geben. Den Agavendicksaft und etwas Wasser hinzufügen. Die Mischung schön sämig pürieren, bei Bedarf etwas Wasser nachgießen. Der Smoothie sollte aber noch ein wenig breiig und nicht zu dünnflüssig sein. Mit etwas Salz und Pfeffer abschmecken. Den Smoothie in die Schalen füllen und mit dem Topping aus Frühlingszwiebelringen, Brunnenkresse und Kapuzinerkresseblüten krönen.

Tipp: Um die Melonenkerne zu entfernen, schneiden Sie das obere und das untere Ende der Wassermelone ab. Nun stellen Sie sie auf eine der Schnittflächen und teilen die Melone in sechs Stücke. Schneiden Sie dabei nicht bis in die Mitte! Ziehen Sie jetzt vorsichtig die Melonenteile heraus. Die meisten Kerne bleiben nun im Meloneninneren hängen. Dann schaben Sie die restlichen wenigen Kerne mit einem Löffel von den Melonenstücken und fertig!

Orient-Kefir-Bowl
Scharf aromatisch

Zutaten für 2 Portionen
1/2 Salatgurke
2 EL Zitronensaft
1/2 TL Kreuzkümmel
125 g Kefir
125 g Joghurt
1 EL Arganöl
unjodiertes Salz
weißer Pfeffer

Für das Topping
1/2 unbehandelte Zitrone
etwas Kresse

Die Gurke schälen, längs halbieren und die Kerne entfernen. Ein Stück der Gurke fein reiben, sodass etwa 4 EL Gurkenraspel entstehen. Diese in den Kühlschrank stellen. Die restliche Gurke gemeinsam mit Zitronensaft, der Hälfte des Kreuzkümmels, Kefir, Joghurt und Arganöl in ein hohes Gefäß oder in einen Standmixer geben. Die Mischung schaumig pürieren und den orientalischen Smoothie mit etwas Salz und Pfeffer abschmecken. Bis zum Servieren im Kühlschrank aufbewahren. Für das Topping die unbehandelte Zitrone heiß abwaschen, trocken reiben und in Stücke schneiden. Den kalten Smoothie in die Schalen oder Gläser füllen, das geriebene Gurkenfleisch hineingeben, die Smoothies mit dem restlichen Kreuzkümmel und etwas Kresse bestreuen. Mit den Zitronenstücken garnieren und servieren.

Tipp: Arganöl ist inzwischen in gut sortierten Bioläden oder über verschiedene Anbieter im Internet erhältlich. Sollten Sie es nicht zur Hand haben, können Sie stattdessen auch Olivenöl verwenden.

Arganöl-Facts
Das nussig schmeckende „Gold aus Marokko" ist eines der kostbarsten Pflanzenöle. Aufgrund seiner feinen Inhaltsstoffe ist Arganöl nicht nur bei Köchen, sondern auch im Bereich der Naturkosmetik äußerst beliebt. Es enthält essenzielle Fettsäuren und Antioxidantien, wirkt entzündungs- und krebshemmend. Außerdem ist es cholesterinsenkend, kreislaufstimulierend und stärkt die körpereigene Abwehr.

Gojibeeren-Bowl
Extra-Kick fürs Immunsystem

Zutaten für 2 Portionen

150 g Himbeeren

150 g Brombeeren

50 g ungeschwefelte Gojibeeren

200 g Dickmilch oder Naturjoghurt

1 EL Limettensaft

50 ml Wasser

2 EL Sonnenblumenkerne

2 EL Pinienkerne

2 EL Sesam

1–2 EL Honig oder Ahornsirup

Himbeeren und Brombeeren verlesen, vorsichtig waschen und trocken tupfen. Einige Beeren beiseitelegen. Restliche Beeren in ein hohes Rührgefäß oder in den Standmixer geben. Gojibeeren hinzufügen. Die Früchte kurz pürieren. Dickmilch oder Joghurt und Limettensaft hinzugeben und gut mixen. Nach Belieben mit etwas Wasser verdünnen. Den Smoothie in kleine Schalen füllen. Mit beiseitegelegten Beeren, Sonnenblumenkernen, Pinienkernen und Sesam bestreuen. Mit Honig oder Ahornsirup beträufeln und servieren.

Gojibeeren-Facts

Die rote Wunderbeere, auch als Chinesische Wolfsbeere bekannt, hat es in sich. Aufgrund ihrer hohen Nähr- und Vitalstoffdichte zählt sie zu den sogenannten Superfoods. Gojibeeren stärken das Immunsystem, wirken sich förderlich auf die Darmflora aus und sollen Entzündungsprozesse im Körper positiv beeinflussen.

Kiwi-Bananen-Bowl
Schnelle Energie

Zutaten für 2 Portionen

300 g Babyspinat
2 Kiwis
1 Banane
1 EL Limettensaft
100 ml Wasser
50 ml Kokosmilch
frische Kokosraspel

Spinat putzen, waschen und trocken tupfen. In einen hohen Rührbecher oder in den Standmixer geben. Kiwis schälen, in grobe Stücke schneiden. 1 Kiwi für die Garnitur beiseitelegen, die andere zum Spinat geben. Banane schälen, 1/2 Banane zerkleinern und ebenfalls zum Spinat geben. Die andere Hälfte in Scheiben schneiden und mit Limettensaft beträufelt für die Garnitur beiseitelegen. Das Ganze mit dem Pürierstab oder im Mixer kurz pürieren. Wasser und Kokosmilch zugeben und noch einmal mixen. Den Smoothie in Schälchen füllen und mit klein geschnittener Banane, Kiwi und Kokos servieren.

Bananen-Facts

In den gelben, süßen Bananen stecken die meisten Vitamine sowie leicht verdauliche Kohlenhydrate. Bananen sind reich an Kalium und Magnesium, beides Mineralstoffe, die besonders bei Sport und körperlicher Anstrengung benötigt werden. Braun gefärbte Bananen haben wichtige Vitamine bereits meist verloren.

Beeren-Bowl
Süßsaure Erfrischung

Zutaten für 2 Portionen
1 Banane
1 EL Zitronensaft
400 g gemischte Beeren,
z. B. ungeschwefelte Gojibeeren,
Himbeeren, Blaubeeren
300 g Dickmilch oder Kefir
100 g Quark
2 EL Mandelblätter
3 EL Haferflocken
1 EL Honig oder Ahornsirup

Banane schälen, in Stücke schneiden. Mit Zitronensaft beträufeln und beiseitestellen. Beeren verlesen, vorsichtig waschen und trocken tupfen. Einige für die Garnitur beiseitelegen, restliche Beeren in einen hohen Rührbecher oder in den Standmixer geben. Kurz pürieren. Dickmilch oder Kefir und Quark hinzugeben und noch einmal mixen, bis das Ganze eine cremige Konsistenz hat. Ggf. etwas Wasser zugeben. In Schälchen füllen und mit Beeren, Banane, Haferflocken und Mandeln bestreut servieren. Mit Honig oder Ahornsirup beträufeln.

Beeren-Facts
Selbst tiefgefrorene oder getrocknete Beeren enthalten noch reichlich Antioxidantien zum Schutz der Zellen. Die gesunden Früchtchen fördern die Darmtätigkeit, wirken entzündungshemmend und blutdruckregulierend. Beim Abwaschen sollten die Beeren nicht zu lange im Wasser verweilen, da sie sonst an Geschmack verlieren und „matschig" werden.

GRÜNE SMOOTHIES

Grüne Smoothies bestehen in etwa zur einen Hälfte aus Blattgrün und zur anderen Hälfte aus Obst oder Gemüse. Obst wird meist hinzugefügt, um den Smoothie etwas zu süßen. In Pflanzengrün stecken jede Menge Vitamine, Mineralstoffe und sekundäre Pflanzenstoffe. In den Blättern sind die Nährstoffe oftmals in höherer Konzentration enthalten als im eigentlichen Gemüse.

Trauben-Feldsalat-Smoothie
Extra Vitamine für Traubenfans

Zutaten für 2 Portionen

1 Handvoll Feldsalat
250 Weintrauben (kernlos)
1 Orange
1/4 unbehandelte Limette
Mineralwasser (eiskalt)
nach Belieben

Den Feldsalat putzen, waschen und gut abtropfen lassen. Die Weintrauben waschen und halbieren. Die Orange entsaften. Feldsalat, Trauben und Orangensaft in ein hohes Gefäß oder einen Standmixer geben. Die Limette waschen, abtrocknen und die Schale direkt in das Gefäß mit den vorbereiteten Zutaten reiben. Die Limette auspressen und den Saft ebenfalls zum Abrieb gießen. Alles ordentlich durchmixen und nach Belieben Mineralwasser nachgießen. Den herrlichen Smoothie in die Gläser füllen und servieren.

Tipp: Probieren Sie den Smoothie auch mit roten Weintrauben.

Trauben-Facts

In Trauben stecken Pflanzenstoffe, die das Wachstum von Krebszellen hemmen können. Ebenso enthalten Trauben den bioaktiven Stoff Resveratrol, der zellschädigende Substanzen bekämpft, entzündungshemmend wirkt und den Cholesterinspiegel senkt.

Sellerie-Kiwi-Smoothie
Leckere Bitterstoffe

Zutaten für 2 Portionen

4 reife Kiwis
2 Bananen
1 Salatgurke
80 g Selleriegrün
4 EL Limettensaft
Mineralwasser (eiskalt)
nach Belieben

Die Kiwis halbieren, das Fruchtfleisch herauslöffeln. Die Bananen schälen und würfeln. Die Gurke waschen, längs halbieren und die Kerne mit einem Löffel herausschaben. Die Gurke würfeln. Das Selleriegrün unter fließendem Wasser waschen, trocken schütteln und grob hacken. Das zerkleinerte Obst und Gemüse in ein hohes Gefäß oder einen Standmixer geben. Den Limettensaft hinzugießen und alles zu einer homogenen Masse pürieren. Nach Belieben Wasser dazugeben. Den Sellerie-Kiwi-Smoothie anschließend in die Gläser füllen und mit jedem Schluck spüren, dem Körper etwas Gutes zu tun.

Tipp: Sie können auch die Hälfte des Selleriegrüns durch frisches Radieschengrün ersetzen.

Selleriegrün-Facts
Selleriegrün ist reich an Bitterstoffen und insulinähnlichen Hormonsubstanzen. Das Verdauungssystem wird stimuliert und der gesamte Stoffwechsel positiv beeinflusst.

Rucola-Pfirsich-Smoothie
Verlockend vanillig

Zutaten für 2 Portionen

4 Handvoll Rucola
1 Salatgurke
2 Pfirsiche
1 Vanilleschote
4 EL Zitronensaft
Mineralwasser (eiskalt)
nach Belieben

Die Rucola putzen, waschen und trocken schütteln. Die Salatgurke waschen, längs halbieren, die Kerne herausschaben und die Gurke würfeln. Den Pfirsich waschen, halbieren, entsteinen und in grobe Stücke schneiden. Die Vanilleschote längs von einer Spitze zur anderen aufschneiden, öffnen und mit dem Messerrücken vorsichtig das Mark herauskratzen. Gemeinsam mit Rucola, Gurke und Pfirsich in ein hohes Gefäß oder den Standmixer geben. Den Zitronensaft dazugießen und den Smoothie gut durchmixen. Dann nach Belieben mit Mineralwasser aufgießen. Den Smoothie mit dem wunderbaren Vanillearoma in die Gläser füllen. Als Garnitur eventuell Pfirsichspalten verwenden.

Tipp: Vermeiden Sie Vanillezucker und gebrauchen Sie stets frisches Vanillemark. Das Aroma ist einfach herrlich und in keiner Weise mit dem Vanillezucker aus dem Tütchen zu vergleichen. Sie erkennen frische Vanilleschoten daran, dass sie ölig glänzend und biegsam sind.

Vanille-Facts
Die beliebte und typisch „vanillige" Bourbon-Vanille stammt aus Madagaskar und Réunion. Vanille verleiht sämtlichen Speisen ein einzigartiges Aroma. Sie schmeckt und riecht süßlich. Das Gewürz wirkt sowohl entspannend als auch angenehm belebend auf Körper und Geist.

Roter Blattsalat-Smoothie
Saftiges Grün

Zutaten für 2 Portionen

1/2 Zitrone
1/2 Avocado
1/2 Bund frisches Basilikum
einige Staudensellerieblätter
8 Blätter Lollo Rosso
2 Frühlingszwiebeln
400 ml Mineralwasser (eiskalt)

Die Zitrone waschen, trocken tupfen und die Schale abreiben. Die Zitrone auspressen, Saft und Abrieb in ein hohes Gefäß oder einen Standmixer geben. Die Avocado halbieren, entsteinen und mit einem Löffel das Fruchtfleisch heraus- schaben. Sofort zur Zitrone geben, damit es sich nicht bräun- lich verfärbt. Das Basilikum, die Staudensellerieblätter und die Lollo-Rosso-Blätter waschen, trocken schütteln und grob hacken. Die Frühlingszwiebeln waschen, putzen und zerklei- nern. Basilikum, Sellerie- und Lollo-Rosso-Blätter sowie die Frühlingszwiebeln zur Avocado geben und das Mineralwasser dazugießen. Jetzt das Ganze zu einem schaumigen Smoothie mixen. Das saftige Grün in die Gläser füllen, nach Belieben mit etwas Basilikum garnieren.

Tipp: Sie können weiteres Mineralwasser hinzufügen, wenn Sie eine dünnflüssigere Konsistenz bevorzugen, oder die Wassermenge reduzieren, falls Sie es dickflüssiger mögen. Das können Sie prinzipiell bei jedem Smoothie so hand- haben!

Lollo-Rosso-Facts
Lollo Rosso ist reich an Nährstoffen, hat aber nur wenige Kalorien (20 kcal/84 kJ pro 100 Gramm), da er zu 92 % aus Wasser besteht. Außerdem enthält der Salat Vitamin C, Provitamin A, Kalium und Eisen.

Spinat-Erdbeeren-Smoothie
Mit Popeye-Effekt

Zutaten für 2 Portionen
1/2 Handvoll Spinat
1/2 Handvoll Basilikum
1/2 Handvoll Erdbeeren
1/2 Banane
1 Scheibe Ananas
(circa 1 cm dick)
Saft einer Orange
Mineralwasser (eiskalt)
nach Belieben

Den Spinat putzen, waschen, in einem Sieb gut abtropfen lassen und in großzügige Streifen schneiden. Das Basilikum waschen, trocken schütteln und mitsamt den Stielen grob hacken. Die Erdbeeren waschen, den Strunk entfernen, die Früchte vierteln. Die Banane schälen und würfeln. Die Ananas schälen, die Augen entfernen. Eine etwa 1 Zentimeter dicke Scheibe abschneiden. Der Strunk muss nicht entfernt werden, es sei denn, er ist zu faserig. Alle Zutaten mit dem Orangensaft in ein hohes Gefäß oder einen Standmixer geben, gut aufmixen und nach Belieben Mineralwasser hinzugießen. Nun den Starkmacher in die Gläser gießen und servieren.

Tipp: Der Smoothie schmeckt auch hervorragend mit Blutorangen- oder Grapefruitsaft.

Spinat-Facts
Schon Popeye hat er stark gemacht. Mit 3,5 Milligramm pro 100 Gramm enthält er zwar nicht so viel Eisen, wie einst geglaubt, jedoch immer noch mehr als andere Gemüsesorten. Da Spinat Heißhungerattacken bremsen kann, hilft er auch beim Abnehmen, wirkt blutdrucksenkend und stärkt durch die enthaltenen Vitamine das Immunsystem.

Salat-Maracuja-Smoothie
Tropischer Salat-Drink

Zutaten für 2 Portionen

1/2 Kopf Romanasalat
1 Handvoll Babyspinat
1–2 Selleriestangen
1/2 Maracuja
1/2 Birne
1/2 Banane
1/2 Limette
1/3 Bund Koriander
180 ml Mineralwasser (eiskalt)

Den Romanasalat waschen und gut abtropfen lassen. Eine Salatschleuder kann hier nützlich sein. Den trockenen Salat in großzügige Streifen schneiden. Den Babyspinat ebenfalls waschen und wie den Salat schneiden. Die Selleriestangen unter fließendem Wasser waschen und zerkleinern. Alles in ein hohes Gefäß oder einen Standmixer geben. Die Maracuja halbieren, das Fruchtfleisch mit den Kernen herauslöffeln und direkt zu Sellerie, Spinat und Salat geben. Die Birne waschen, halbieren und das Kerngehäuse entfernen. Die Birne grob würfeln. Die Banane schälen und würfeln. Die Limette entsaften, den Saft gemeinsam mit Banane und Birne zu den anderen Zutaten in den Mixer bzw. das hohe Gefäß geben. Zu guter Letzt den Koriander waschen, trocken schütteln, mitsamt den Stielen grob hacken und mit dem Mineralwasser zu Birne & Co. geben. Jetzt noch alles schaumig pürieren, in Gläser füllen und sich den kühlen Salat-Drink gönnen.

Tipp: Sie können die Maracuja auch erst im Nachhinein auf den Smoothie löffeln, das sieht hübsch aus.

Maracuja-Facts
Die schwarzen Kerne der Maracuja, auch Passionsfrucht genannt, sind essbar und müssen nicht entfernt werden. Die Frucht ist reich an Vitamin C und B-Vitaminen, die den Energie- und Proteinstoffwechsel unterstützen.

Petersilie-Ananas-Smoothie
Prickelnd frisch

Zutaten für 2 Portionen
300 g Ananas
2 Orangen
2 große Handvoll Petersilie
1 große Handvoll Minze
500 ml Mineralwasser (eiskalt)

Die Ananas schälen, die Augen entfernen. Die Frucht vierteln und den Strunk herausschneiden. Die Ananas grob würfeln. Die Orangen auspressen, den Saft gemeinsam mit der Ananas in ein hohes Gefäß oder einen Standmixer geben. Petersilie und Minze waschen, trocken schütteln und grob hacken. Petersilie, Minze und Mineralwasser zu den anderen Zutaten geben. Nun alles bis zur gewünschten Sämigkeit mixen und den prickelnden Smoothie in die Gläser gießen.

Tipp: An heißen Sommertagen können Sie den Smoothie auf Eis servieren. Das ist besonders erfrischend!

Mineralwasser-Facts
Mineralwasser ist nicht unbedingt besser als Leitungswasser. So gibt es Leitungswasser von hervorragender Qualität, das direkt aus Quellen gewonnen wird, ebenso gibt es solches von schlechterer Qualität. Auch Mineralwasser weist je nach Herkunftsort einen unterschiedlichen Mineralstoffgehalt sowie verschiedene Mineralstoffe auf. Bis zu zwei Litern Flüssigkeit sollten täglich konsumiert werden, wenigstens 1,5 Liter in Form von Getränken.

Erdbeer-Romanasalat-Smoothie
Fruchtig-herb

Zutaten für 2 Portionen

250 g Erdbeeren
1 Banane
100 g Romanasalat
250 ml Mineralwasser (eiskalt)

Die Erdbeeren waschen, putzen und halbieren. Die Banane schälen und würfeln. Den Salat waschen, putzen und am besten mit einer Salatschleuder trocknen. Die Zutaten mit dem Mineralwasser in ein hohes Gefäß oder einen Standmixer geben und alles ordentlich aufmixen. Den wunderbaren Smoothie nur noch in die Gläser füllen und servieren.

Tipp: Probieren Sie eine Variation mit Himbeeren anstelle von Erdbeeren. Das schmeckt ebenfalls köstlich.

Romanasalat-Facts
Der knackige Klassiker schmeckt leicht herb und hat kräftige Blätter. Romanasalat wird auch Römersalat oder Bindesalat genannt, da man früher die Blätter zusammenband, damit das Salatherz hell bleibt. Bei den heutigen Sorten ist das nicht mehr notwendig.

Spitzkohl-Bananen-Smoothie
Powerdrink

Zutaten für 2 Portionen

2 Handvoll Spitzkohl
1 kleine reife Banane
1 Handvoll Petersilie
1 Birne
1 getrocknete Dattel
1 kleines Stück Ingwer
1 Vanilleschote
eine Prise Cayennepfeffer
2 TL Himalajasalz
Mineralwasser nach Belieben
(eiskalt)

Den Spitzkohl putzen, waschen und in grobe Streifen schneiden. Die Banane schälen und würfeln. Die Petersilie waschen, trocken schütteln und hacken. Die Birne waschen, halbieren und das Kerngehäuse entfernen. Die Birne vierteln. Spitzkohl, Banane, Petersilie und Birne in ein hohes Gefäß oder einen Standmixer geben. Die Dattel hacken, den Ingwer schälen und klein schneiden. Die Vanilleschote längs halbieren, vorsichtig öffnen und mit der Messerrückseite das Mark herauskratzen. Sogleich mit der Dattel zu den übrigen Zutaten geben. Alles gut durchmixen, den Powerdrink mit Cayennepfeffer und Salz abschmecken, nach Belieben mit Wasser aufgießen. In die Gläser füllen und genießen!

Tipp: Wenn Sie die Ingwer-Fasern stören, können Sie den Ingwer auch einfach durch eine Knoblauchpresse drücken und in den fertigen Smoothie mischen.

Spitzkohl-Facts
Spitzkohl enthält reichlich Vitamin C zur Stärkung des Immunsystems, B-Vitamine zum Schutz von Nerven und Zellen und Betacarotin zur Stärkung der Sehkraft. Ein weiterer Pluspunkt ist, dass er besser verdaulich ist als andere Kohlsorten.

Feldsalat-Zimt-Smoothie
Für kühlere Tage

Zutaten für 2 Portionen

1 Birne
1 Apfel
2 Handvoll Feldsalat
1 Prise Zimt
Mineralwasser nach Belieben

Birne und Apfel waschen, die Kerngehäuse entfernen und die Früchte klein schneiden. Den Feldsalat waschen, putzen und mit dem Obst in ein hohes Gefäß oder einen Standmixer geben. Alles mit einer Prise Zimt bestäuben. Gut durchmixen, bis der Smoothie sämig ist, und nach Belieben mit Mineralwasser aufgießen.

Tipp: Sie haben nur Zimtstangen zu Hause, aber kein Zimtpulver? Mit etwas Kraft können Sie diese im Mörser sehr gut selbst zu Zimtpulver zermahlen. Denken Sie aber daran, dabei Nase und Mund mit einem Tuch zu bedecken, da die freigesetzten Stoffe die Schleimhäute reizen können.

Gewürze-Facts mit Wärmefaktor
Zimt, Chili, Ingwer, Muskatnuss, Pfeffer, Kardamom, Koriander oder auch Gewürznelken … alles Gewürze, denen man eine wärmende Wirkung zuschreibt, weshalb sie vor allem im Winter so beliebt sind.

Mangold-Wirsing-Smoothie
Gut fürs Wohlbefinden

Zutaten für 2 Portionen
1 Handvoll Mangold
1/2 Handvoll Wirsing
1/2 Banane
1/2 pinke Grapefruit
1/2 Birne
1/4 Bund Minze
150 ml Mineralwasser (eiskalt)

Mangold und Wirsing putzen, waschen und abtropfen lassen, die Blätter in breite Streifen schneiden. Die Banane schälen und würfeln. Die Grapefruit halbieren und auspressen. Den Saft gemeinsam mit Mangold, Wirsing und Banane in ein hohes Gefäß oder einen Standmixer geben. Die Birne waschen, halbieren, das Kerngehäuse entfernen und die Frucht würfeln. Die Minze waschen, trocken schütteln und grob hacken. Mit den Birnenstücken und dem Mineralwasser zu den übrigen Zutaten geben. Die Mischung gut durchmixen, bis sie eine optimale Konsistenz hat, und den wohltuenden Smoothie in die Gläser gießen.

Tipp: Achten Sie beim Kauf von Mangold darauf, dass die Rübe einen hellen Strunk hat. Die Blätter sollten fest und knackig sein.

Mangold-Facts
Mangold enthält etliche Vitamine und Mineralstoffe: Kalium, Kalzium, Magnesium, Folsäure, Eisen, Vitamin C, Vitamin B1, B2 und Betacarotin. Außerdem stärkt die Gemüsepflanze die Abwehr, Zähne und Knochen und sorgt für einen Schutz der Schleimhäute.

Grapefruit-Koriander-Smoothie
Spritziger Abnehm-Helfer

Zutaten für 2 Portionen
1/2 Grapefruit
1 große Handvoll Koriander
2 kleine Handvoll Minze
4 kleine Handvoll Kopfsalat
300 ml Mineralwasser (eiskalt)

Die Grapefruit schälen, die weißen Häutchen entfernen. Die Frucht vierteln und in ein hohes Gefäß oder einen Standmixer geben. Koriander und Minze waschen, trocken schütteln und grob hacken. Den Kopfsalat waschen und gut abtropfen lassen. Koriander, Minze und Kopfsalat nun mit dem Mineralwasser zur Grapefruit geben und das Ganze schön schaumig mixen. Den erfrischenden Smoothie in Gläser gießen und sogleich genießen.

Tipp: Frischer Koriander ist und bleibt am besten. Nur so kann er sein volles Aroma entfalten. Zwar kann man ihn auch einfrieren, allerdings büßt er dann seine leuchtende Farbe ein.

Grapefruit-Facts
Die Grapefruit ist ein wahrer Abnehm-Helfer, sie hemmt die Gewichtszunahme sowie den Anstieg des Blutzucker- und Insulinspiegels. Allerdings kann es beim vermehrten Verzehr von Grapefruits zu Wechselwirkungen mit Arzneimitteln kommen.

Vogelmiere-Smoothie
Wertvolles Unkraut

Zutaten für 2 Portionen

2 Birnen
2 Äpfel
1 Schale Feldsalat
1 kleine Handvoll Vogelmiere
300 ml Mineralwasser

Birnen und Äpfel waschen, halbieren und das Kerngehäuse entfernen. Beides grob würfeln. Den Feldsalat putzen, waschen und gut abtropfen lassen. Die Vogelmiere waschen, alle Zutaten gemeinsam mit dem Mineralwasser in ein hohes Gefäß oder einen Standmixer geben. Alles gut aufmixen und den gesunden Smoothie in die Gläser füllen.

Tipp: Wer möchte, kann eine Prise Zimt in den Smoothie geben.

Vogelmiere-Facts
Den Geschmack von Vogelmiere kann man mit dem von rohen Maiskolben vergleichen. Aufgrund seiner Heilwirkung wird das Kraut zur Behandlung zahlreicher Beschwerden eingesetzt, z. B. bei Verstopfung, Blähungen, Hämorrhoiden, Gelenkentzündungen, Rheuma, Bronchitis, Lungenleiden oder auch bei Hautproblemen.

GEMÜSESMOOTHIES

Gemüsesmoothies sind eine wahre Gaumenfreude – gerade für Menschen, die es lieber deftiger mögen. Sie bestehen hauptsächlich aus Sellerie, Gurken, Avocados und anderen Gemüsen. Manchmal mogeln sich noch einige Fruchtsorten darunter. Gemüsesmoothies sind nicht zu verwechseln mit den Grünen Smoothies, da sie häufig mit Joghurt, Milch und anderen Zutaten kombiniert werden. Auch bei dieser Smoothie-Variante können Sie frei herumexperimentieren. Sie werden erstaunt sein, was für Geschmackserlebnisse Sie zaubern können!

Chia-Smoothie mit Ananas
Gesunder Sättigungsdrink

Zutaten für 2 Portionen
150 g Hokkaido-Kürbisfleisch
2 TL Chia-Samen
1 Banane
4 Möhren
6 Ananasscheiben
500 g frischer Baby-Spinat
250 ml Mandelmilch

In einem Topf etwa 1 bis 2 Liter Wasser erhitzen. Den Kürbis sehr sorgfältig waschen und halbieren. Je nach Größe benötigen Sie etwa 1/2 bis 1/4 Kürbis. Die Kerne entfernen, den Kürbis mitsamt der Schale zerkleinern. Die Kürbisstücke in das kochende Wasser geben und ca. 10–12 Minuten köcheln lassen, bis sie schön weich sind. Herausnehmen und in einem Sieb abtropfen lassen. Die Chia-Samen in eine flache Schale streuen, mit etwas Wasser bedecken und etwa 10 Minuten quellen lassen. Banane und Möhren schälen und in grobe Stücke schneiden. Eine Ananas schälen, die Augen entfernen und die Frucht in 6 etwa 1 Zentimeter dicke Scheiben schneiden. Den mittleren Strunk entfernen, dafür das Fruchtfleisch um ihn herum einfach mit einem Messer abtrennen. Den Baby-Spinat waschen und gut abtropfen lassen. Kürbis-, Möhren-, Bananen- und Ananasstücke, die aufgequollenen Chia-Samen sowie den Spinat in ein hohes Gefäß oder den Standmixer geben. Die Mandelmilch darübergießen und das Ganze so lange durchmixen, bis der Smoothie sämig ist und eine homogene Konsistenz hat. Wenn er zu dickflüssig ist, noch ein wenig Mandelmilch oder Mineralwasser nachgießen. Den Smoothie in Gläser füllen, einen Strohhalm hineinstecken und den gesunden Wundertrunk genießen.

Tipp: Der Ananasstrunk ist reich an Enzymen, deshalb sollte man ihn nicht wegwerfen. Fein gerieben macht er sich beispielsweise gut in Salaten.

Tomaten-Gurken-Kefir-Mix
Lecker frisch

Zutaten für 2 Portionen

1 Salatgurke
500 g Kirschtomaten
4 Stiele Dill
200 ml Kefir
6–8 Eiswürfel
unjodiertes Salz
Pfeffer
Chilipulver

Die Salatgurke waschen und sorgsam abtrocknen. Dann halbieren, entkernen und würfeln. Die Kirschtomaten waschen, putzen und vierteln. Den Dill waschen, trocken schütteln und mitsamt den Stielen grob hacken. Alles mit dem Kefir und den Eiswürfeln in den Mixer geben und gut durchmixen. Den Smoothie schließlich mit Chilipulver, Salz und Pfeffer abschmecken. Vor dem Servieren nach Belieben mit etwas Dill garnieren.

Tipp: Sie können auch die Hälfte der Tomaten durch rote Paprika ersetzen. Das ist eine sehr schmackhafte Variante.

Dill-Facts
Dill wurde bereits in der Antike und im Mittelalter in Form unterschiedlicher Zubereitungen als Heilmittel eingesetzt. Auch heute noch hilft es bei Verdauungsbeschwerden, Magenkrämpfen, Menstruationsbeschwerden oder auch bei Mundgeruch.

Joghurt-Smoothie mit Kräutern
Pikante Mixtur

Zutaten für 2 Portionen
1 Limette
6 Stiele Minze
6 Stiele Koriander
200 g Naturjoghurt
(alternativ Soja-Joghurt)
4–6 Eiswürfel
unjodiertes Salz
Pfeffer
250 ml Mineralwasser (eiskalt)
2 Prisen gemahlener Kardamom

Die Limette auspressen, den Saft in ein hohes Gefäß oder den Standmixer gießen. Minze und Koriander waschen und trocken schütteln. Einige Blätter Koriander vom Stiel zupfen und für die Garnitur beiseitelegen. Die übrigen Kräuter mitsamt den Stielen grob hacken und zum Limettensaft geben. Den Joghurt und die Eiswürfel hinzufügen, alles gut durchmixen. Den Smoothie mit etwas Salz und Pfeffer abschmecken, in die Gläser gießen, mit Mineralwasser auffüllen, mit ein wenig Kardamom bestäuben und zum Abschluss mit den Korianderblättern garnieren.

Tipp: Sie können das Rezept auch um ein Stück frische Peperoni erweitern. Das schmeckt ebenfalls wunderbar!

Koriander-Facts
In der Naturheilkunde verwendet man Koriander als unterstützendes Mittel zur Ausleitung von Giftstoffen oder zur Linderung von Verdauungsbeschwerden. Die Blätter sind reich an Antioxidantien und wirken entzündungshemmend. Korianderöl gilt als natürliches Antibiotikum und tötet fast alle Bakterien ab.

Grüner Möhren-Mix
Für starke Augen

Zutaten für 2 Portionen

4 Möhren (je 150 g)
4 Bund glatte Petersilie
1 TL Kürbiskernöl
1 Prise Rohrzucker
4–6 Eiswürfel

Die Möhren waschen, schälen und in große Stücke schneiden. Die Petersilie waschen, trocken schütteln und grob hacken. Möhren, Petersilie, Kürbiskernöl, Zucker und Eiswürfel in ein hohes Gefäß oder einen Standmixer geben und das Ganze leicht schaumig aufmixen. Den Smoothie in die Gläser gießen und in vollen Zügen genießen.

Tipp: Sie können von einer Möhre mit dem Sparschäler ein paar hauchdünne Streifen abziehen und diese dann als Garnitur verwenden.

Möhren-Facts

Das in den Möhren enthaltene Betacarotin oder Provitamin A (Vorstufe von Vitamin A) ist von Bedeutung für den Sehvorgang, da es den Grundbaustein für die Netzhaut darstellt. Daneben fördert es die Infektabwehr, das Wachstum und hat einen positiven Einfluss auf die Haut sowie die Schleimhäute.

Brunnenkresse-Gurken-Mix
Herrlich herb und würzig

Zutaten für 2 Portionen

150 g Brunnenkresse
1/2 Salatgurke
1 kleine Zwiebel
200 ml Mineralwasser (eiskalt)
1 EL Zitronensaft
4 EL Crushed Ice

Die Kresse verlesen, waschen und putzen. Die Gurke der Länge nach halbieren und die Kerne aus dem Fruchtfleisch lösen. Die Gurke würfeln. Die Zwiebel abziehen und ebenfalls würfeln. Gurken- und Zwiebelwürfel, Kresse, Mineralwasser sowie Zitronensaft und Eis in ein hohes Gefäß oder einen Standmixer geben und die Mischung schaumig mixen. Den Smoothie in die Gläser gießen und servieren, garniert mit einigen Brunnenkresseblättern.

Tipp: Sie können dem Rezept auch 1–2 getrocknete, in Öl eingelegte Tomaten hinzufügen, das verleiht dem Smoothie ein zusätzliches feines Aroma.

Brunnenkresse-Facts
Brunnenkresse hat einen recht scharfen Geschmack und enthält zahlreiche Bitterstoffe. Sie hat antibakterielle Wirkung, wirkt harntreibend und bringt sogar blutreinigende Prozesse in Gang. Durch den hohen Gehalt an Vitamin C stärkt Brunnenkresse das Immunsystem.

Tomaten-Soja-Smoothie
Einfach köstlich

Zutaten für 2 Portionen
4 Tomaten (je 80 g)
8 Stiele Basilikum
200 ml Sojamilch
4–6 Eiswürfel
unjodiertes Salz
Pfeffer

Die Tomaten waschen, die Stielansätze entfernen, die Tomaten achteln. Das Basilikum waschen und trocken schütteln. Einige Blätter für die Garnitur abzupfen, das restliche Basilikum in Streifen schneiden. Tomaten, Basilikum, Sojamilch und Eiswürfel in ein hohes Gefäß oder einen Standmixer geben und pürieren, bis der Smoothie eine sämige Konsistenz hat. Zum Abschluss mit etwas Salz und Pfeffer abschmecken und in die Gläser gießen. Dann nur noch mit den Basilikumblättern garnieren und den unwiderstehlich guten Smoothie genießen!

Tipp: An heißen Sommertagen können Sie die Gläser vorher ins Eisfach stellen. So ist der Smoothie noch kälter und erfrischender!

Sojamilch-Facts
Sojamilch ist mittlerweile in sämtlichen Lebensmittelgeschäften erhältlich. Zahlreiche Cafés bieten die Milch aus Sojabohnen als Alternative zur Kuhmilch an. Insbesondere für Menschen mit Laktoseintoleranz ist Sojamilch eine gute Alternative, ebenso für bewusst vegan/vegetarisch lebende Personen. Ein großes Plus: Im Gegensatz zur Kuhmilch enthält Sojamilch kein Cholesterin. Außerdem beinhaltet sie von Natur aus viele Vitamine, bis auf das hauptsächlich in tierischen Produkten vorkommende Vitamin B12. Deshalb ist Sojamilch oftmals mit Vitamin B12, aber auch mit weiteren Vitaminen angereichert.

Erbsen-Apfel-Smoothie
Proteine in Hülle und Fülle

Zutaten für 2 Portionen

100 g grüne TK-Erbsen
1/2 säuerlicher Apfel,
z. B. Granny Smith
120 ml Apfelsaft
2 Stängel Minze
2 Stängel Basilikum
250 g Naturjoghurt
unjodiertes Salz
Pfeffer aus der Mühle

Die Erbsen auftauen. Den Apfel waschen, eine Hälfte vierteln. Das Kerngehäuse entfernen, den halben Apfel in kleine Würfel schneiden. Die Erbsen dann mit etwas Wasser (wahlweise auch Gemüsebrühe) in einem Topf zum Kochen bringen, bei mittlerer Hitze etwa 15 Minuten köcheln lassen, danach abseihen. Die Apfelstücke mit dem Apfelsaft ebenfalls in einen Topf geben und aufkochen. Danach den Apfel etwa 10 Minuten im Apfelsaft dünsten. Minze und Basilikum waschen und grob hacken. Die weichen Apfelstückchen mit dem verbliebenen Apfelsaft und den Erbsen in ein hohes Gefäß oder den Standmixer geben, Basilikum, Minze und Joghurt hinzugeben. Die Mischung aufmixen und mit etwas Salz und Pfeffer abschmecken. Den Smoothie in die Gläser füllen. Für die Garnitur etwas Basilikum oder Minze verwenden.

Tipp: Für die vegane Variante können Sie auch Soja-Joghurt nehmen.

Erbsen-Facts

Junge Erbsen schmecken süßlich, da sie besonders viel Fruchtzucker beinhalten. Die grünen Hülsenfrüchte sind reich an Ballaststoffen und liefern wichtige pflanzliche Proteine. In 100 Gramm Erbsen stecken etwa zehn Gramm Eiweiß. Auch beinhalten sie die Aminosäure Glutamin, welche den Muskelaufbau unterstützt.

Radieschen-Gurken-Smoothie
Sanfte Schärfe

Zutaten für 2 Portionen

100 g Radieschen
1/2 Salatgurke
3 Stiele Schnittlauch
300 ml Buttermilch
100 g Joghurt
1 EL Zitronensaft
unjodiertes Salz
weißer Pfeffer

Radieschen und Gurke waschen und trocken tupfen. Die Gurke längs halbieren, die Kerne entfernen, das Fruchtfleisch klein schneiden. Die Radieschen ebenfalls zerkleinern. Den Schnittlauch waschen und grob hacken. Die Radieschen- und die Gurkenstücke dann mit der Hälfte der Buttermilch und dem Schnittlauch in ein hohes Gefäß oder einen Standmixer geben und das Ganze schaumig pürieren. Anschließend die restliche Buttermilch, den Joghurt und den Zitronensaft unterrühren und den Smoothie mit etwas Salz und Pfeffer abschmecken. Den Smoothie in die Gläser gießen und nach Belieben mit etwas Schnittlauch garnieren.

Tipp: Probieren Sie auch mal eine Variante mit Dill, Petersilie oder Frühlingszwiebeln.

Radieschen-Facts
Für den scharfen Geschmack der Radieschen sind Senföle verantwortlich. Kleine Radieschen sind in der Regel schärfer, da sie mehr Senföl beinhalten. Die Knollen wirken antibakteriell, krampflösend und harntreibend. Je röter das Radieschen ist, desto mehr Vitamin C enthält es. Radieschen haben einen hohen Wasseranteil und nur wenige Kalorien.

Spinat-Curry-Smoothie
Himmlisch indisch

Zutaten für 2 Portionen
120 g TK-Blattspinat
2 EL Milch
(alternativ Soja-
oder Mandelmilch)
300 g Joghurt
(alternativ Soja-Joghurt)
6–8 TL Currypulver
unjodiertes Salz
Pfeffer aus der Mühle
1 EL Rosinen

Den Blattspinat etwa 10 Minuten antauen lassen. In grobe Streifen schneiden und gemeinsam mit der Milch in ein hohes Gefäß oder einen Standmixer geben. Joghurt und Curry hinzufügen und alles pürieren. Den Smoothie mit etwas Salz und Pfeffer abschmecken, die Rosinen unterrühren und den Smoothie in die Gläser gießen.

Tipp: Lassen Sie sich eine qualitativ wertvolle Currygewürz-mischung vom Gewürzhändler Ihres Vertrauens herstellen. Das macht nicht nur den Smoothie, sondern viele Curry-Gerichte zu etwas ganz Besonderem.

Currygewürzmischung-Facts
Ursprünglich kommt die Currygewürzmischung aus Indien. Je nach Zutaten kann die Gewürzmischung unterschiedlich schmecken, von mild und scharf bis süßsäuerlich. Sie kann aus bis zu 30 verschiedenen Zutaten bestehen. Ein fester Bestandteil ist Kurkuma. Daneben können auch Piment, Paprika, Gewürznelken, Koriander, Kardamom, Kümmel, Rosmarin, Muskat, Pfeffer, Ingwer oder auch Cayennepfeffer vorkommen.

Spitzpaprika-Sellerie-Mix
Gemüse satt

Zutaten für 2 Portionen

1 Selleriestange
1 rote Spitzpaprika
4 Stiele Petersilie
2 EL frisch gepresster
Limettensaft
200 ml Tomatensaft
1 TL Leinöl
200 ml Buttermilch
100 ml Mineralwasser (eiskalt)
Tabasco
Meersalz

Die Selleriestange putzen, waschen und zerkleinern. Die Paprikaschote waschen und trocken tupfen. Vom Stielansatz längs nach unten bis zur Spitze halbieren und das Kerngehäuse heraustrennen. Verbliebene Kernchen unter fließendem Wasser herausspülen. Die Paprikahälften in Streifen schneiden. Die Petersilie waschen, trocken schütteln und grob hacken. Sellerie- und Paprikastücke, Petersilie, Limettensaft, Tomatensaft, Leinöl, Buttermilch, Mineralwasser und einen guten Schuss Tabasco in ein hohes Gefäß oder den Standmixer geben und alles gut durchmixen, bis eine sämige Masse entsteht. Den Gemüsesmoothie mit etwas Salz abschmecken und servieren.

Tipp: Probieren Sie das Rezept auch einmal mit Möhrensaft.

Spitzpaprika-Facts
Spitzpaprika ist meist gelblich bis hellgrün. Die zunächst hellgrünen Schoten leuchten im reifen Zustand tiefrot, genau diese sollten Sie auch für den Smoothie verwenden. Ihr Geschmack ist etwas süßer und milder als der „normaler" Paprikasorten.

Tomaten-Basilikum-Smoothie
Italien lässt grüßen

Zutaten für 2 Portionen
2 Stiele Basilikum
1/2 Salatgurke
250 g Tomaten
1/2 EL Pfefferkörner
2 EL Zitronensaft
30 g Pinienkerne
200 ml Mineralwasser (eiskalt)

Das Basilikum waschen und mitsamt den Stielen grob hacken. Die Gurke waschen und in grobe Stücke schneiden. Die Tomaten waschen, putzen und würfeln. Die Pfefferkörner im Mörser zerstoßen. Gurken, Tomaten, Basilikum, Pfeffer und Zitronensaft in eine Schüssel geben und die Mischung einige Stunden im Kühlschrank durchziehen lassen. Unterdessen die Pinienkerne in einer heißen Pfanne ohne Fett rösten, bis sie etwas Farbe angenommen haben. Danach hacken und mit der durchgezogenen Tomaten-Gurken-Mischung in einen Mixer geben. Alles schaumig mixen und mit dem Mineralwasser aufgießen. Den Smoothie in die Gläser füllen.

Tipp: Sie können das Basilikum auch noch etwas feiner schneiden und Eiswürfel damit machen, die Sie dann in den Drink geben. Mit den gehackten Pinienkernen können Sie alternativ den Glasrand bestücken. Das geht ganz leicht: Tauchen Sie die Gläser 3–4 Zentimeter tief in Zitronensaft und danach in die Pinienkerne. Lassen Sie die Ränder dann trocknen.

Pinienkerne-Facts
Der längliche, weiße Samenkern der Pinienkerne besteht zu 47 Prozent aus Fett und zu 31 Prozent aus Eiweiß. Deshalb ist der Kern so weich. Pinienkerne beinhalten viele Mineralstoffe, vor allem Eisen, Kalzium und Phosphor.

Rote-Bete-Smoothie
Vital-Drink

Zutaten für 2 Portionen
2 Knollen Rote Bete
1 kleine Selleriestange
1/2 Apfel
1/2 Birne
1 Granatapfel
2 Blutorangen
120 ml Kokoswasser
5 große Eiswürfel

Die Rote Bete waschen, schälen und würfeln. Die Selleriestange waschen und zerkleinern. Apfel und Birne waschen, das Kerngehäuse entfernen, jeweils die Hälfte der Frucht in grobe Stücke schneiden. Den Granatapfel in der Mitte vorsichtig mit einem Küchenmesser anritzen und mit der Hand in zwei Hälften brechen. Über eine Schüssel halten und mit einem Kochlöffel auf die Rückseite klopfen, sodass die Kerne herausfallen. Darauf achten, alle weißen Trennhäute zu entfernen, da sie sehr bitter schmecken. Die Blutorangen auspressen, den Saft gemeinsam mit Roter Bete, Sellerie, Apfel, Birne und Granatapfel in ein hohes Gefäß oder einen Standmixer geben. Kokoswasser und Eiswürfel hinzugeben und alles sehr gut durchmixen. Den Smoothie, der dank der Roten Bete eine so herrliche Farbe hat, in die Gläser füllen. Nach Belieben mit ein paar Sellerieblättern garnieren.

Tipp: Stören Sie die faserigen Selleriefäden, dann schälen Sie die oberste Schicht einfach mit einem Messer ab – als ob Sie Rhabarber schälen: Einfach am Ende der Selleriestange vorsichtig die Haut einschneiden und dann abziehen. So fahren Sie fort, bis alle Fäden entfernt sind. Alternativ können Sie auch einen Sparschäler verwenden.

Rote-Bete-Facts
Rote Beten regen den Stoffwechsel an, wirken blutreinigend und entsäuernd. Bei regelmäßigem Rote-Bete-Konsum wird die Bildung von Mitochondrien gefördert. Mit steigender Anzahl gesunder Mitochondrien erhöht sich auch die Leistungsfähigkeit. Man fühlt sich vital und die Fettverbrennung wird angekurbelt.

Register

© 2016 by Helmut Lingen Verlag GmbH, Brügelmannstraße 3, 50679 Köln

Rezepte und Texte: Dr. Natalie J. Lauer, Archiv Lingen Verlag
Foodfotografie: Jo Kirchherr, Thinkstock, Jan Wischnewski
Coverfotografie: Jan Wischnewski
Satz: Röser MEDIA

Printed in EU
Alle Rechte vorbehalten.
www.lingenverlag.de